A LINGUAGEM
DA PROPAGANDA

A LINGUAGEM DA PROPAGANDA

Antônio Sandmann

Copyright© 1993 Antônio José Sandmann
Todos os direitos desta edição reservados à
Editora Contexto (Editora Pinsky Ltda.)

Montagem de capa
Gustavo S. Vilas Boas

Revisão
Maria Aparecida Monteiro Bessana
Luiz Roberto Malta
Texto & Arte Serviços Editoriais

Composição
Veredas Editorial
Texto & Arte Serviços Editoriais

Dados Internacionais de Catalogação na Publicação (CIP)
(Câmara Brasileira do Livro, SP, Brasil)

Sandmann, Antônio José
A linguagem da propaganda / Antônio José Sandmann. –
10. ed., 1ª reimpressão. – São Paulo: Contexto, 2023.

Bibliografia
ISBN 978-85-7244-026-4

1. Propaganda – Linguagem I. Título II. Série

| 92-3326 | CDD-659.1014 |

Índices para catálogo sistemático:
1. Linguagem: propaganda 659.1014
2. Linguagem publicitária 659.1014
3. Propaganda: linguagem 659.1014

2023

Editora Contexto
Diretor editorial: *Jaime Pinsky*

Rua Dr. José Elias, 520 – Alto da Lapa
05083-030 – São Paulo – SP
PABX: (11) 3832 5838
contato@editoracontexto.com.br
www.editoracontexto.com.br

Proibida a reprodução total ou parcial.
Os infratores serão processados na forma da lei.

SUMÁRIO

O AUTOR NO CONTEXTO 7

ABREVIAÇÕES E SÍMBOLOS 8

1. INTRODUÇÃO 9
   O termo "propaganda" 9
   Objeto e metas do trabalho 10
   Propaganda e retórica 12
   O desafio da linguagem da propaganda 12
   Recursos da linguagem da propaganda 13
   Metodologia do trabalho 13
   Divisão do trabalho 14

2. TIPOS DE SIGNOS 15
   Aspectos gerais 15
   Combinação de símbolo e índice 18
   Combinação de símbolo e ícone 20

3. FUNÇÕES DA LINGUAGEM 24
   Aspectos gerais 24
   Função apelativa 27
   Função estética 29

4. PROPAGANDA E IDEOLOGIA 34
   Apêndice 42

5. CARACTERÍSTICAS DA LINGUAGEM DA
   PROPAGANDA 45
   Variação linguística 48
   Empréstimo linguístico 51

Aspectos (orto)gráficos 53
Aspectos fonológicos 56
Rima 57
Ritmo 58
Aliteração 59
Paronomásia 60
Aspectos prosódicos 61
Aspectos morfológicos 61
O jogo com a palavra complexa 62
Prefixação 63
Sufixação 63
Cruzamento vocabular 65
Ressegmentação e desopacificação 66
Aspectos sintáticos 68
Simplicidade estrutural 68
Topicalização 69
Coordenação 69
Paralelismo 70
Simetria 71
Combinações estilísticas 72
Aspectos semânticos 74
Polissemia e homonímia 75
Denotação e conotação 76
Antonímia 77
Combinações estilísticas 78
Aspectos (con)textuais 80
Linguagem figurada 85
Metáfora 85
Metonímia 88
Personificação 89
O jogo com a palavra 91
Uso e jogo com a frase feita 92
Lugar-comum 94
Nomes comerciais 95

REFERÊNCIAS BIBLIOGRÁFICAS 98

O AUTOR NO CONTEXTO

Antônio José Sandmann é de Três Arroios, estado do Rio Grande do Sul. Cursou primário e secundário no Rio Grande do Sul, Santa Catarina, Paraná e São Paulo, acabando por fixar-se na capital paranaense, onde fez seus estudos universitários. Formado em Filosofia, Direito e Letras, foi professor de português em vários colégios particulares e estaduais e diretor do Colégio Martinus durante seis anos. Desempenhou também funções burocráticas na área da Secretaria da Educação do Paraná.

Em 1971, dez anos depois de formado, começou sua carreira na Universidade Federal do Paraná, fazendo concurso para auxiliar de ensino. Em 1981 terminou o curso de mestrado em Língua Portuguesa na Universidade Católica do Paraná, defendendo a tese "Análise e Crítica da Classificação Tradicional e Construtural dos Coordenativos". O doutorado foi iniciado dois anos depois, na Universidade de Santo Alberto Magno, na cidade de Colônia, Alemanha. Três anos foram necessários para concluir essa meta longamente esperada, sendo que a tese tinha o nome de "Formação de Palavras no Português Brasileiro Contemporâneo".

De volta ao Brasil no fim de 1986, Sandmann recebeu, pouco tempo depois, a notícia de que havia vaga para professor titular de Língua Portuguesa. Sem deixar esfriar as máquinas, atacou o novo desafio, vencido em setembro de 1988, defendendo a tese "Competência Lexical: Produtividade, Restrições e Bloqueio", trabalho publicado pela Editora da Universidade Federal do Paraná.

A morfologia, como se vê, principalmente a morfologia lexical, que ele prefere chamar de formação de palavras, expressão mais simples e mais transparente, é e continua, aliás, sendo seu principal campo de estudos, sobre o qual escreveu, também, já vários artigos e está preparando outros.

Uma boa oportunidade de aplicar e divulgar os estudos feitos foram os volumes *Morfologia Geral* e *Morfologia Lexical*, desta série.

Trabalho de que Sandmann participa com muita satisfação é o projeto "Gramática do Português Falado", GT Morfologia, também coordenado pelo prof. Ataliba Teixeira de Castilho.

O que já aconteceu, o que acontece e o que ainda pode acontecer em termos de formação de palavras é, sem dúvida, um campo de pesquisa extremamente estimulante. "No princípio era a palavra" (Jo, 1.1), diz o hagiógrafo. Na verdade, a palavra é nossa companheira de todas as horas.

ABREVIAÇÕES E SÍMBOLOS

1. *Aurélio: Novo Dicionário Aurélio da Língua Portuguesa*
2. *Cláudia: revista Cláudia*
3. *Desfile: revista Desfile*
4. *Folha: jornal Folha de S.Paulo*
5. *Nova: revista Nova*
6. *Elle: revista Elle*
7. *Marie Claire: revista Marie Claire*
8. *Gazeta: jornal Gazeta do Povo*
9. *Superinteressante: revista Superinteressante*

INTRODUÇÃO

O TERMO "PROPAGANDA"

Conforme testemunham os dicionários *Wahrig*, alemão, e *Webster's*, inglês, *propaganda* foi extraído do nome *Congregatio de propaganda fide*, congregação criada em 1622, em Roma, e que tinha como tarefa cuidar da propagação da fé. Em tradução literal teríamos "*Congregação da fé que deve ser propaganda*". *Propaganda*, como feminino ablativo singular do gerundivo latino *propagandus* (masculino), *propaganda* (feminino), *propagandum* (neutro), exerce na frase função adjetiva e expressa ideia de dever, de necessidade: *propagandus* = que deve ser propagado, que precisa ser propagado.

Em português as palavras em *-ando*, adjetivos (*alunos formandos*) ou substantivos (*os formandos*), derivadas de verbos, têm hoje a semântica "aquele que vai se (formar)" ou "o que vai se (formar)" e são produto de um modelo razoavelmente produtivo. Em cartaz na Universidade Federal do Paraná colhemos *jubilando* e em texto de engenharia da FUNDEPAR, (*imóvel*) *avaliando/comparando*. A deriva semântica "aquele que deve" para "aquele que vai" ou "aquele que está" não deve causar estranheza, pois são comuns mudanças de significado em modelos de formação de palavras. Veja-se a semântica de *recolhível* (*Folha*, 10/10/91, p. 1-5), em que o sufixo *-ível* transformou o verbo em adjetivo e cujo significado é "que pode ser recolhido", e a semântica de *memorável*, em que a ideia de

9

"que pode ser memorado" mudou para "que deve ser memorado" ou "que é digno de ser memorado".

Quanto ao significado da palavra *propaganda*, hoje definitivamente um substantivo, há diferenças de compreensão entre algumas línguas. No inglês, por exemplo, *propaganda* é usado exclusivamente para a propagação de ideias, especialmente políticas, tendo muitas vezes uma conotação depreciativa, sendo que para a propaganda comercial ou de serviços se usa o termo *advertising*. Em alemão *Propaganda* é mais de ideias, sendo que se usa *Reklame*, empréstimo do francês, para a comercial, e tendo-se ao lado desses dois e com o sentido dos dois também *Werbung – Webesprache* é no dicionário de *Bussmann* (3) o verbete correspondente ao nosso título "linguagem da propaganda".

Em português *publicidade* é usado para a venda de produtos ou serviços e *propaganda* tanto para a propagação de ideias como no sentido de *publicidade*. *Propaganda* é, portanto, o termo mais abrangente e o que pode ser usado em todos os sentidos. Observe-se que, apesar desse sentido mais abrangente e genérico de *propaganda*, na Universidade Federal do Paraná há o curso chamado "Curso de Publicidade e Propaganda", com os dois termos coordenados, com o que se dá a entender, de certo modo, que são coisas diferentes, que um não compreende o outro. O galicismo *reclame*, usado pelo alemão (ver acima), é praticamente morto hoje no Brasil, contrariamente a Portugal, em que tem o mesmo uso do alemão.

No presente trabalho usamos o termo *propaganda*, no título e em geral, com esse sentido mais amplo, que lhe é próprio, aliás, ressaltando-se que o *corpus* se constitui preponderantemente de textos de caráter comercial, colhidos principalmente de jornais, revistas e *outdoors*.

OBJETO E METAS DO TRABALHO

É preciso deixar claro, desde já, que o presente trabalho é preponderantemente linguístico: visa-se mostrar principalmente as características que distinguem a linguagem da propaganda enquanto código auditivo-oral. É comum termos hoje propagandas com imagens – jornais, revistas e *outdoors* – e sons musicais, principalmente na televisão. Pode-se dizer que, muitas vezes, o texto escrito ou falado é apenas parte do todo, isto é, o conjunto da propaganda, a textualidade ou o texto complexo é formado por sons, imagens – estáticas ou em movimento – e texto linguístico. O que distingue o texto linguístico da propaganda é o objeto do presente estudo.

Como temas que podem interessar também o estudo da propaganda há, entre outros, aspectos jurídicos, éticos e sociológicos. Como aspectos sociológicos destacamos a ideologia ou os valores, que ganham ênfase na propaganda (por seu reflexo sobre a linguagem da propaganda dedicamos-lhes o capítulo quarto do trabalho). Aspectos éticos levaram à suspensão, pelo CONAR, de propaganda da indústria de tecidos Elizabeth, em que jovens usavam as expressões "um puta boné" e "um puta tecido" (*Folha*, 27/08/91, p. 3-10), expressões que podem ser ofensivas a princípios éticos mas que primam pela autenticidade. Sobre aspectos éticos, que às vezes se podem tornar jurídicos, tece comentários Alex Periscinoto (*Folha*, 2/4/89, p.B-2), questionando a frequência com que textos publicitários norte-americanos desfazem de artigos ou empresas concorrentes. Há quem veja ferimento de princípios éticos em confrontação de *outdoors*, postos lado a lado, e em que o presidente do Bamerindus dizia: "O Paraná representa entre 15% e 20% dos negócios do Bamerindus". E o presidente do Banestado afirmava: "O Banestado investe 90% dos recursos aqui no Paraná".

Resumindo o que foi dito no início deste item, deixamos claro que o objeto central do presente trabalho é o estudo dos aspectos estilísticos da linguagem da propaganda, entendendo-se como estilística aquilo que distingue essa linguagem de modo geral, bem como os recursos expressivos especiais ou comunicacionais especiais. Deixando de maneira geral som e imagem de lado e focalizando a parte linguística, esta fica de certo modo descontextualizada, fora do conjunto formado pelo texto linguístico mais imagem e som musical ou outros.

PROPAGANDA E RETÓRICA

Bussmann (3) observa com propriedade, nos verbetes *retórica* e *linguagem da propaganda*, que os princípios da retórica têm, hoje, seu principal campo de aplicação e revivescimento nos textos de propaganda. Entendendo-se a retórica como a arte de persuadir, de convencer e de levar à ação por meio da palavra, é fácil ver que é esse também o papel da linguagem da propaganda. Pretende-se mostrar, nas páginas do presente trabalho, como ela o faz, de que recursos ela se serve e que, diferentemente da oratória, da eloquência ou da retórica mais antigas ou tradicionais, ela se serve, por exemplo, antes da linguagem coloquial do que da adloquial ou erudita, padrão. A linguagem da propaganda se distingue, por outro lado, como a literária, pela criatividade, pela busca de recursos expressivos que chamem a atenção do leitor, que o façam parar e ler ou escutar a mensagem que lhe é dirigida, nem que para isso se infrinjam as normas da linguagem padrão ou se passe por cima das convenções da gramática normativa tradicional e, em certo sentido, da competência linguística abstrata geralmente aceita.

O DESAFIO DA LINGUAGEM DA PROPAGANDA

Tendo em vista que o destinatário da mensagem propagandística, o comunicatário, principalmente o urbano, vive num universo saturado de estímulos, que o mesmo, nem que se disponha a isso, não consegue dar atenção e assimilar todas as mensagens que lhe chegam via rádio, televisão, jornal, revistas, *outdoors*, etc., a linguagem da propaganda enfrenta o maior dos desafios: prender, como primeira tarefa, a atenção desse destinatário. Tendo conseguido que o comunicatário se ocupe com determinado texto, convencê-lo ou levá-lo em consequência à ação possivelmente são tarefas ou desafios menores. Prender a atenção do leitor ou ouvinte parece ser a porfia maior. Por isso a criatividade incansável do propagandista ou publicitário na busca incessante de meios estilísticos que façam com que o leitor ou ouvinte preste atenção ao seu texto, chocando-o até se for necessário. Ver como isso é feito com recursos da linguagem é outro dos objetivos do presente trabalho.

RECURSOS DA LINGUAGEM DA PROPAGANDA

Para Jubran (12:27), "o processo metafórico capta com mais eficácia a atenção do leitor, preenchendo o objeto básico da propaganda: o de provocar, através da elaboração da mensagem, o estranhamento do leitor e, a partir daí, fazer com que ele se interesse pelo texto e, consequentemente, pelo que é propagado". Causar estranhamento no leitor não é, naturalmente, só função da metáfora ou da metonímia ou ainda da linguagem figurada em geral. Muitos outros recursos têm esse objetivo, sendo que averiguar quais são esses recursos, dar exemplos deles e descrevê-los é a preocupação central deste trabalho. Apresentamos os principais: aspectos ortográficos: grafias exóticas, por exemplo; aspectos fonéticos: rima, ritmo, aliteração, paronomásia; aspectos morfológicos: criações lexicais mais ou menos marginais, ressegmentações; aspectos sintáticos: topicalização, paralelismos, simplicidade estrutural; aspectos semânticos: polissemia e homonímia, ambiguidade, antonímia; linguagem figurada: metáfora e desmetaforização, metonímia, personificação; o jogo com a frase feita e com a palavra; os chamados desvios linguísticos da norma padrão ou do sistema concebido mais abstratamente.

METODOLOGIA DO TRABALHO

Nossa atenção para a criatividade e muitas vezes exotismo da linguagem da propaganda foi despertada observando a combinação de tipos de signos num mesmo texto: **EEXXCEDDEE**, propaganda em postos da Shell, em que ao convencional das letras, signos chamados símbolos, se junta um signo icônico, cuja base é a semelhança; *Pharmantiga*, nome de farmácia e perfumaria em Curitiba, em que as letras são símbolos e o *ph* inicial é um signo chamado índice, isto é, ele guarda uma associação histórica com o antigo, ideia que o nome da farmácia também quer veicular, além de sugerir a ideia do tradicional, daquilo que atravessou o tempo porque é bom.

Despertada a atenção para a linguagem da propaganda, fomos observando sistematicamente textos de *outdoors*, revistas, jornais, folhetos, cartazes e nomes de lojas, chegando a anotar um número superior a mil. A leitura de artigos e trabalhos em geral sobre a linguagem da propaganda, a consulta à bibliografia sobre estilística e recursos expressivos da linguagem em geral foram tarefa concomitante. Por fim escolheram-se os aspectos principais a serem abordados e fez-se a seleção dos textos que ilustrariam o embasamento teórico.

Esperamos, por fim, que o leitor se convença, como nós, da oportunidade da observação de Bussmann, à qual retornamos: "O estudo da retórica, cuja tradição mais viva alcança o século XVIII, experimentou um forte revivescimento nos últimos tempos em sua ligação com a linguagem da propaganda".

DIVISÃO DO TRABALHO

Como se disse no item "Metodologia do Trabalho", nosso interesse pela linguagem da propaganda foi despertado pelos aspectos semióticos. Por isso, após esta "Introdução", teremos o capítulo "Tipos de signos". A preocupação com os objetivos colimados pela propaganda levou-nos ao capítulo "Funções da linguagem". Aspectos em que a propaganda e valores estão ligados serão vistos no capítulo seguinte "Propaganda e ideologia". Finalmente, o corpo do trabalho está contido no capítulo 5 "Características da linguagem da propaganda", com vários subcapítulos, destacando aspectos (orto)gráficos, fonéticos, morfológicos, sintáticos, semânticos, (con) textuais, da linguagem figurada, dos chamados desvios gramaticais, do lugar-comum, dos jogos com a frase feita, dos jogos com a palavra e nomes criativos de lojas ou firmas.

TIPOS DE SIGNOS

ASPECTOS GERAIS

Como diz Pignatari (18:26), "convém reter a ideia de signo enquanto alguma coisa que substitui outra", e Peirce (15:94): "um signo, ou *representamen*, é algo que, sob certo aspecto ou de algum modo, representa alguma coisa para alguém". E, mais adiante (115): "Um signo, ou *representamen*, é um Primeiro que se põe numa relação triádica genuína tal para com um Segundo, chamado seu objeto, que é capaz de determinar um Terceiro, chamado seu interpretante, o qual se coloque em relação ao objeto na mesma relação triádica em que ele próprio está com relação a esse mesmo objeto". Observe-se que a capacidade de ver num signo outra coisa requer do interpretante grau maior ou menor de inteligência, maior principalmente no caso do signo chamado símbolo, totalmente baseado na convenção. A propósito tomamos a liberdade de observar a jocosidade de cartão postal grego em que um burro está postado, inteiramente alienado e indiferente, diante de cardápio, seleto e variado, colocado na rua em frente a um restaurante.

Três elementos constituem, portanto, essa relação triádica de que fala Peirce: o objeto ou referente, o signo ou representante e o sujeito ou interpretante. Dependendo do modo como se estabelece a relação entre signo e referente, temos três tipos de signos: se a ponte da relação é arbitrária ou convencional, temos o símbolo; se a relação tem base na experiência, na história, na coocorrência ou na contiguidade, temos o índice; se a relação tem fundamento na semelhança, temos o signo chamado símile ou ícone.

Note-se também que, se o princípio que faz com que o significante de um signo se refira a outro objeto ou referente tiver base na semelhança, teremos a metáfora, e, se esse princípio de transferência tiver como base a contiguidade, teremos a figura de linguagem chamada metonímia. A imagem da cruz (+), que guarda semelhança com o objeto, é um ícone. A palavra *cruz*, no texto "Essa tarefa é uma pesada cruz para mim." é uma metáfora, sinônimo de *sofrimento*, ao passo que se a cruz está por *cristianismo* teremos um índice, pois a base da transferência é a contiguidade histórica.

O que acaba de ser exposto acima tem uma importância básica para o estudo da linguagem da propaganda, pois muitas vezes esses textos combinam mais de um tipo de signo, principalmente símbolo com ícone (**RODA VIVA**), loja de venda de veículos em Maringá-PR, e símbolo com índice: *"Prosit!"*. No **Bierhalle** o seu aniversário tem clima de festa e presente prá você." (*O Estado de S.Paulo*, 6/4/91, Caderno 2, p. 11), em que *"prosit!"*, que conhece a variante *"prost!"*, equivalente ao português *saúde!*, e é usado no alemão, está associado culturalmente, além das letras góticas do nome do restaurante, ao alemão, tido como grande produtor e consumidor de cerveja. Adiante veremos outros exemplos dessa combinação de signos. Antes, porém, ainda uma discussão oportuna aqui.

Jacobson (11:104) traz à baila uma discussão que nos parece propícia no contexto em que estamos. Segundo Peirce, "os signos mais perfeitos são aqueles em que o caráter icônico, o caráter indicativo e o caráter simbólico estão amalgamados em proporções tão iguais quanto possível". E ali mesmo: "Reciprocamente, a insistência de Saussure no caráter puramente convencional da linguagem está ligada à sua asserção de que 'os signos inteiramente arbitrários realizam melhor que os outros o ideal do procedimento semiológico'".

Essa divergência entre o que diz Peirce e o que diz Jacobson parece-nos não existir, se estabelecermos algumas particularizações, em outros termos, se não fizermos valer o que cada um afirma para todo universo da linguagem. O que Saussure afirma, isto é, que "os signos inteiramente arbitrários realizam melhor que os outros o ideal do procedimento semiológico", aplica-se, por exemplo, à linguagem técnica ou científica, desprovida de emotividade, denotativa, preferencialmente monossêmica ou não ambígua. Já a linguagem literária bem como a linguagem da propaganda, carregadas muitas vezes de emotividade, de conotações e polissemias, dão-se perfeitamente bem com textos em que há a combinação de mais tipos de signos. Cartaz na Universidade Federal do Paraná convidava para o curso

DECA**DENTISMO** *e Satanismo na Literatura Portuguesa*, em que símbolo e ícone se amalgamam na palavra *decadentismo*, recurso feliz em texto de propaganda e que não fica bem em texto técnico, frio e centrado no referente e não no código. Veja-se também a propriedade e felicidade desse outro texto de propaganda, que combina símbolo, ícone e índice: "Nova escova dental Signal antiplaca. É melhor prevenir do que bzzzzzzzzzzzz." (*Nova*, setembro de 1990, p. 6). Além de letras, que são símbolos arbitrários, há a onomatopeia, um signo icônico, e o signo indicativo que aponta para a broca do dentista.

Para comparação, veja-se também a felicidade ou propriedade da combinação de signos no texto literário de Aníbal Machado "Embolada do Crescimento":

Enquanto a criança crescia a mãe arrumava a casa esperava o marido dormia ia à igreja conversava dormia outra vez regava as plantas arrumava a casa fazia compras acabava as costuras enquanto a criança crescia as tias chegavam à janela olhavam o tempo estendiam os tapetes imaginavam o casamento ralavam o coco liam os crimes e os dias iam passando enquanto a criança dormia crescia pois o tempo parou para esperar que a criança crescesse.

O texto todo é em si composto de símbolos, pois a relação entre significantes e referentes é convencional ou arbitrária. A falta proposital de pontuação, vírgulas e pontos, no entanto, é um símbolo icônico, pois tem relação natural com o título ou o objetivo do texto, que é mostrar o entrelaçamento, a continuidade dos fatos da vida da criança que crescia observada pela mãe e tias.

Compare-se agora a propriedade da presença exclusiva de símbolos, signos convencionais e arbitrários, em texto científico, extraído de Borges Neto (2:11):

Na gramática tradicional o adjetivo é considerado um modificador do substantivo. O adjetivo pode modificar o substantivo de duas formas diferentes: "o adjetivo qualificativo modifica a *compreensão* do substantivo e o determinativo, a *extensão* do substantivo" (Pereira, 1909:61).

COMBINAÇÃO DE SÍMBOLO E ÍNDICE

Observe-se, a título de introdução, que, no dia a dia, fazemos muitas leituras com base na experiência, que nos ensinou a associar fatos, não por sua semelhança, mas por sua contiguidade no tempo ou no espaço. Nuvens, calor ou mormaço permitem-nos a leitura: *Vai chover*. De pessoa da roça ouvi a frase: "Quando o vento vem de lá, ele (sic!) chove". Os sintomas das doenças são signos indicativos para os médicos. O tipo de música que ouvimos passando pelas casas nos permite em geral tirar conclusões sobre aspectos da cultura de seus moradores. Trajes e objetos de uso – terno, saia, sombrinha, chapéu, bengala – são índices na entrada de instalações sanitárias. Aliás, na entrada de instalações sanitárias é comum estarem combinados ou alternarem-se símbolos (*Damas/Senhores, Cavalheiros/Senhoras*) com índices (*chapéu, bengala, leque, sombrinha*, etc.) ou ícones: imagem de homem ou mulher e até estátuas.

Combinações dos signos símbolo e índice temos encontrado também com certa frequência em textos de propaganda. Bastante conhecido é:

Oktoberfest·91
Blumenau de 4 a 20 de Outubro

Aliás já observamos no item anterior que as letras góticas são frequentemente associadas com a cultura alemã. Outros exemplos que citamos, sem reproduzir as letras góticas: *3º Leilão Simental Brasileiro de Uberlândia* (*Folha*, 27/08/91, p. 6-1) – a palavra *Simental* tem destaque com letras góticas; *Quinzena Santa Catarina Mappinfest 91* (*Folha*, 18/07/91, p.1-12), todo em letras góticas; *Casa de Chocolates Schimmelpfeng*, de Curitiba, é escrito igualmente todo em letras góticas:

Schimmelpfeng
CASA DE CHOCOLATES

A SOLETUR, com filiais em várias cidades brasileiras, convidava para viagem à Austrália e Nova Zelândia, estampando cangurus ao lado de texto escrito. A ligação canguru – Austrália/ Nova Zelândia é um índice, sendo que a figura do canguru é naturalmente também um ícone.

Em folheto de propaganda, a firma Cosmos fazia propaganda dos relógios *Soviet*, estampando jovem de boné preto com estrela vermelha e trajando camisa vermelha. Além disso, texto em letras vermelhas dizia "promoção camarada by Cosmos". No caso, a cor vermelha e a palavra *camarada* mostram para a Rússia e para o regime comunista, assim como a cruz suástica indica o nazismo e o feixe de varas – italiano *fascio* – mostra para o fascismo.

COMBINAÇÃO DE SÍMBOLO E ÍCONE

As propagandas combinam naturalmente em geral texto escrito ou falado com imagem. A coleção de livros de culinária "Cozinhar Melhor", por exemplo, distribuiu folheto de propaganda em que o sintagma polissêmico "os prazeres da carne..." encimava imagem de carne sendo cortada. Mas não é a isso que vamos dar destaque aqui. Vamos apresentar alguns textos de propaganda em que se faz uso das letras de uma palavra ou de parte dos sinais escritos, de sua apresentação visual, para comunicar simultaneamente com signos icônicos, o ícone, baseado na semelhança.

No item "Metodologia do Trabalho", capítulo 1, demos destaque à combinação de símbolo e ícone na propaganda *Shell super* EEXXCEDDEE. Campanha ecológica falava da *d vastação da c sta brasil ira*. Chapa às eleições do Centro Acadêmico de Letras da Universidade Federal do Paraná fazia a seguinte propaganda: *"Em 90, o CAL arrebe* N *ta!"* O produto farmacêutico Bronquimucil fez propaganda contra o fumo em que o til da palavra *não* era um cigarro acesso. Sorveteria em Curitiba tem o nome TORRE D PISA. Chapa de eleições estudantis na Universidade Federal do Paraná fazia a seguinte propaganda: ALTA TENSÃO p/o CAGEO, em que o *s* de *tensão* é substituído pelo ícone que imita o raio ou a figura da descarga elétrica que, por sua vez, é índice da energia elétrica. ⱯꓤⱢNOƆINFORMAÇÃO é o nome do jornal da Federação Paranaense de Cineclubes.

Pichação de muro dizia

ÁLCOOL

ÁLCOOL

ÁLCOOL

ALCOOLISMO

 Texto da Pan Am, pelo fato de não conter vírgulas, reforçava a mensagem das palavras grafadas normalmente: *São Paulo sem escalas para Miami e New York pela Pan Am*. Mais adiante, na mesma propaganda, a pontuação obedecia ao figurino das regras de pontuação: *Agora a Pan Am oferece mais três voos semanais direto, sem escalas, de São Paulo para Miami: segundas, terças e domingos.*
 Outdoor do motel Le Piège continha os elementos

em que o tamanho da palavra *inesquecivelmente* é um ícone a reforçar o seu significado.
 Observe-se a simplicidade e a eficiência da propaganda do Chase Manhattan (*Folha*, 17/03/89, p.B-3): "Aplicar aplicar agora agora no no Chase Chase é é duas duas vezes vezes mais mais seguro seguro."
 Muito sugestivos são nomes de lojas ou firmas que combinam signos. Destacamos alguns da cidade de Curitiba:

Em *Fotografarte*, além do diafragma a substituir o segundo *o*, é particularmente interessante a diferente segmentabilidade: *Fotografar + te* e *Fotograf + arte*, sendo que neste último caso teríamos um cruzamento *vocabular*: *fotograf(ia) + arte*.

Concluímos a presente exposição com um texto da atual administração da cidade de Curitiba, a campanha de coleta do lixo reciclável, destacando que no original os bonecos são verdes:

FUNÇÕES DE LINGUAGEM

ASPECTOS GERAIS

Antes de vermos quais funções da linguagem ganham destaque na linguagem da propaganda e de analisarmos alguns exemplos em textos propagandísticos, algumas observações de caráter geral se fazem oportunas.

Jacobson (11:122ss.) fala em seis funções da linguagem, com o que não se quer dizer que uma função exclua outra ou outras. O que há é, a rigor, o predomínio de uma ou outra. Assim, por exemplo, o interesse do ato comunicativo pode estar centrado mais no remetente, no codificador, na 1ª pessoa. O remetente fala de si mesmo, dá vazão a seus sentimentos, usa o pronome da 1ª pessoa, produz frases exclamativas, usa interjeições. A essa função se dá o nome de função emotiva ou expressiva. Esse tipo de função tem forte presença na poesia lírica e, como é de esperar, reduzida na linguagem da propaganda. Mesmo assim, podem ser encontrados exemplos de textos de propaganda com a tônica na função expressiva. Vejam-se esses dois: *Humm! Apetitosa...*, em cartaz diante do restaurante Taberna do Rosário, em Curitiba, e *Motel das Orquídeas. Um amor de motel!*, *outdoor* na Rodovia dos Minérios. É claro que a finalidade última é a mesma da linguagem de função apelativa: mover o decodificador, o destinatário do código ao consumo de mercadorias ou ao uso de serviços.

Quando o ato comunicativo externa forte apelo ao receptor, ao destinatário, ao interlocutor ou decodificador da mensagem, à

2ª pessoa, dizemos que predomina a função apelativa ou conativa. Discursos ou orações sacras costumam ser fortemente apelativos, sem esquecer a linguagem da propaganda, como veremos adiante. O ato comunicativo centrado no receptor se distingue pela forte presença de períodos interrogativos, de verbos no modo imperativo, o modo das ordens, pedidos ou conselhos. Há também muitos pronomes e verbos de 2ª pessoa, palavras dêiticas – com destaque aos pronomes demonstrativos e advérbios de lugar – relacionadas com a 2ª pessoa e vocativos.

Se o ato de comunicação deixa mais de lado o emissor e o receptor, a 1ª e 2ª pessoas, e focaliza o objeto, o contexto ou o referente, a 3ª pessoa, temos a função referencial. É a função que ganha destaque na linguagem técnica ou científica, em que os fatos estão em evidência e devem convencer o destinatário da mensagem e eventualmente levá-lo a agir. Emissor e receptor ficam em segundo plano, nem há a preocupação, como veremos logo adiante, em dar especiais efeitos estilísticos à mensagem. É a linguagem com predomínio dos signos chamados símbolos e não dos ícones ou índices. O verbo está preferencialmente na terceira pessoa e com muita frequência na voz passiva, tipo de predicado que tem como sujeito o elemento que na voz ativa é o objeto direto, sendo também frequente o uso do pronome oblíquo *se*. Segundo Lage (13:39) também "a comunicação jornalística é, por definição, referencial, isto é, fala de algo no mundo, exterior ao emissor, ao receptor e ao processo de comunicação em si."

Se o codificador, isto é, o que transforma fatos ou uma realidade em código, por exemplo, o linguístico, tem especial interesse na mensagem ou na forma de se comunicar com o decodificador, diz-se que a função posta em evidência é a função estética ou poética, sem se dizer com isso que ela seja exclusiva de textos poéticos. Propaganda das Lojas Americanas na televisão fazia, por exemplo, um jogo com os verbos *comprar* e *comparar*: "O importante é comparar antes de comprar.", figura chamada *paronomásia*. Outros recursos frequentes em textos de propaganda e que visam dar ênfase à forma de comunicação são a rima, o ritmo e as aliterações, recursos todos que visam prender a atenção do receptor, fazê-lo ocupar-se com a mensagem, ajudá-lo a memorizá-la e, por fim, persuadi-lo a agir. Desnecessário dizer que a função estética se faz presente amiudadas vezes em textos de propaganda, o que, aliás, é confirmado por Jacobson (11:147):

> (...) a função estética não se limita à obra poética; o discurso de um orador, a conversação cotidiana, os artigos de jornais, a publicidade (...), todas essas atividades podem conter considerações estéticas, fazer valer a função estética, e as palavras lá são usadas muitas vezes por elas mesmas e não simplesmente como um procedimento referencial.

Quando se produzem enunciados cuja única função é averiguar se o contato com o interlocutor está vivo, se o canal de comunicação está operando, fala-se em função fática. Alguém, ao telefone, para significar que a mensagem está sendo recebida, repete seguidas vezes, por exemplo, "Pois não!" ou "Hm-hm!", sem com isso estar manifestando concordância. Parece-nos fácil imaginar que essa função não tem vez ou tem significância muito secundária em textos propagandísticos.

Normalmente a linguagem tem um referente ou objeto diferente de si mesma. É a linguagem chamada linguagem-objeto. *Filho*, em *O filho de João nasceu.*, tem como referente alguém do universo de quem João é pai. Já *filho*, em *Filho é um substantivo.*, tem como referente a própria palavra *filho*. Nessas situações se diz que a função da linguagem é a função metalinguística. Essa função também é desempenhada quando pedimos ou damos o significado de uma palavra ou sequência de palavras, fato muito frequente em textos didáticos, em que se está constantemente explicando o conteúdo de termos técnicos. Na linguagem da propaganda encontramos poucos exemplos dessa função, mas também eles se fazem presentes: "Bacalhau rima com Natal?" (*Cláudia*, dezembro de 1990, p. 49: propaganda de *Bacalhau da Noruega*).

Aliás, duas leituras se podem fazer dessa frase. A primeira é a que atribui a *bacalhau* e *Natal* função metalinguística, isto é, as duas palavras se referem a si mesmas, ao seu corpo fônico. A outra leitura é a que confere a *bacalhau* e *Natal* função referencial, isto é, "tipo de peixe" e "festa comemorativa do nascimento de Cristo". *Rimar*, além disso, está, nessa segunda leitura, em sentido metafórico, isto é, "Bacalhau combina com Natal" ou "Bacalhau vai bem na ceia de Natal". Exemplo muito parecido com o anterior é "Ensino não rima com lucro.", de cartaz da Federação dos Estudantes de Agronomia do Brasil. Um último exemplo de presença da função metalinguística teríamos em: "Iogurtes com vitamina E. E de economia." (propaganda do Carrefour).

A seguir daremos destaque a duas funções muito presentes na linguagem da propaganda: a função apelativa e a função estética, sendo que a esta última se dará maior ênfase por seu aspecto criativo.

FUNÇÃO APELATIVA

Parece-nos não ser difícil imaginar que na linguagem da propaganda a função apelativa esteja muito presente. Afinal, a constante dessa linguagem é vender um bem de consumo – um produto, um serviço – ou uma ideia; é persuadir alguém, é levar alguém a um comportamento. Naturalmente, vender um produto ou uma ideia é função de toda linguagem da propaganda e não só quando a função apelativa se faz presente com suas marcas linguísticas típicas: períodos interrogativos, verbo no modo imperativo, pronomes pessoais e possessivos de 2ª pessoa, verbo na 2ª pessoa, vocativos, pronomes de tratamento e dêiticos. De certo modo se pode dizer, pois, que a função persuasiva ou apelativa pode estar presente mesmo sem as marcas tradicionais que acabamos de citar. É o caso de se atingir, por exemplo, a vaidade do interlocutor ou leitor: "Não basta um bom shampoo para fazer a cabeça de uma mulher inteligente.", propaganda da revista *Exame*, em *Cláudia*, de fevereiro de 1990, p. 73, ou esta outra: "Em cima de um All Star tem sempre uma grande estrela.", propaganda do tênis All Star em *Desfile*, de julho de 1990, p. 15.

Como principal marca linguística do texto de função apelativa explícita temos o modo imperativo do verbo, presente quatro vezes no *outdoor*: "Não durma no volante. Durma no colchão Castor. Para viajar use cinto. Para descansar use colchão Castor." ou neste texto, colhido de *Elle*, de maio de 1991, p. 22s., propaganda de roupa íntima feminina: "Pare. Olhe. Use. Triumph International."

Se cotejarmos uma frase imperativa com a declarativa ou interrogativa, vemos que aquela se diferencia bastante destas. A declarativa passa uma informação e a interrogativa quer obter uma informação, ao passo que a imperativa quer um comportamento. *Imperativo* é, por outro lado, um rótulo um tanto pobre para sua variedade semântica, pois, dependendo das relações ou do *status* social dos interlocutores ou ainda de fatores contextuais, o imperativo expressa um pedido, uma ordem, um conselho, um convite, etc.: "Proteja essa reserva de beleza natural: seu rosto." (*Cláudia*, outubro de 1989, p. 165), em que, além do verbo no modo imperativo, temos um pronome possessivo de 2ª pessoa e um dêitico, o pronome demonstrativo (*essa*), que localiza o objeto (*reserva de beleza natural*) perto do receptor, 2ª pessoa, merecendo destaque nesse texto, além disso, a referência ao ecológico (*beleza natural*), fato da ideologia moderna, da moda, dos valores que se cultivam hoje, de que são, aliás, reflexo criações lexicais mais novas como *ecoturismo* (*Folha*, 26/9/91, p. 6-1), *ecomaníaco* e *ecochato* (*Folha*, 6/9/91, p. 7-1), ao lado dos mais antigos *ecologista* e *ecólogo*.

Na propaganda em placa dos Supermercados Parati, de Curitiba, "Parati do jeito que você gosta.", temos a presença do pronome pessoal de 2ª pessoa (*você*), além do pronome pessoal oblíquo tônico *ti*, se, numa leitura também sugerida, segmentarmos *Parati* em *para* e *ti*.

No texto "Na Brasimac você faz o plano. Vários planos a sua escolha. Fale com o nosso gerente. Brasimac, a sua melhor compra." (*Folha*, 15/4/90, p. A-11), verbo na 2ª pessoa do singular, imperativo, pronome pessoal e possessivo de 2ª pessoa do singular se juntam como marcas linguísticas de texto com função apelativa. Pronome de tratamento (*sua*) temos no texto: "Pense mais em você, sua bobona." (*Desfile*, março de 1991, p. 2),

28

propaganda da Biovita da Nestlé, além de imperativo e pronome pessoal de 2ª pessoa.

Vocativos temos nas propagandas: "Filho, olha aqui: 12 de maio é no Shopping Paulista." (*Folha*, 11/5/91, p. 1-11) e "Professor, você vai se aposentar amanhã? – Não?... Mas um dia vai... Aposentadoria integral e paritária já!" (cartaz da greve das universidades federais de 1989), em que temos também interrogações. A frase interrogativa é uma forma aliás muito direta de apelo ao interlocutor, de empatia, de interesse por ele: "Menos peças. Menos desgaste. Menos trabalho. Menos consumo. O que você quer mais?" (*Desfile*, novembro de 1990, p. 705), propaganda da Nova Brastemp Mondial.

FUNÇÃO ESTÉTICA

Destacando a importância da função estética na linguagem da propaganda, diz Leech (14:86):

> É desejável que a audiência ao menos guarde o nome do produto anunciado, e possivelmente também alguma frase-chamariz que o acompanha. Esta é uma razão para o uso de repetições verbais idênticas, juntamente com outras figuras de valor mnemônico, como rima e aliteração.

Leech dedicou seu estudo mais à linguagem de propaganda na televisão, que é falada e ouvida. Mas o que ele diz também vale para o texto escrito, que é lido. Afinal, chamar a atenção para o texto, para o código, coisa típica da função estética, também se precisa conseguir e é importante no texto impresso. Considerando que, principalmente nos aglomerados urbanos maiores, as pessoas recebem excesso de estímulos e mensagens propagandísticas, despertar ou chamar a atenção e prender a atenção do leitor, fazê-lo memorizar a mensagem é aspecto essencial ou vital da mensagem e atividade publicitárias. E isso se consegue, entre outros recursos, com os que dão destaque ao código linguístico, com os recursos que põem em evidência a mensagem, cujo objetivo é chocar ou causar estranhamento, fazendo o destinatário parar e se ocupar com o texto e seus objetivos. Vejamos a propósito o texto "Hoje queremos homenagear uma categoria que nem tem sindicato: o síndico do seu edifício." (*Folha*, 30/11/88, p. A-10: 30 de novembro é Dia do Síndico). O centro desse texto são as palavras *síndico* e *sindicato*, com as quais se joga: uma é primitiva, outra é derivada, estando, portanto, relacionadas fonológica, morfológica e semanticamente, com o que contrasta a realidade extralinguística: os síndicos não têm sindicato. Esse jogo, essa incoerência é que vai prender a atenção do destinatário, vai fazê-lo ocupar-se com o assunto, lembrar-se do síndico do seu prédio, dar-lhe os parabéns ou, talvez, até um presente.

Recursos de que se serve a linguagem da propaganda para sua função estética ou poética são, entre outros, a paronomásia, a rima, o ritmo, a aliteração, letras ou combinações de letras que vamos aqui chamar de exóticas, o jogo com a palavra e com a frase feita. Relembramos aqui que na função emotiva ou expressiva a atenção está voltada para o emissor, na função conativa ou apelativa, para o receptor, na função referencial a atenção está orientada para o objeto ou referente, enquanto na função estética, para a mensagem, para o *como* a mensagem é apresentada, destacando-se a ênfase no significante do signo, no seu aspecto sonoro, físico, material, também na sua grafia, pois, quando o código é escrito.

Como diz Jacobson (11:130), "a função poética projeta o princípio da equivalência do eixo da seleção sobre o eixo da combinação". As palavras que têm semelhanças morfológicas e sintáticas, os substantivos, por exemplo, formam um paradigma de elementos que recebem as mesmas flexões e exercem as mesmas funções. Elas se localizam no eixo da seleção por sua similaridade. Já as palavras que estão na mesma frase associam-se porque estão presentes, mas são diferentes morfológica e/ou sintaticamente, isto é, têm flexões diferentes e/ou exercem funções diferentes. Quando, pois, colocamos na mesma frase palavras que rimam, por exemplo ("Pneu carecou, HM trocou"), ou em que há a figura da aliteração ("Juntos a gente dá jeito.") (*Folha*, 2/12/88, p.A-2: *slogan* da Secretaria Especial de Ação Comunitária do Governo do Rio Grande do Sul, dirigido aos favelados), estamos pondo lado a lado ou em sequência unidades que se assemelham por seu corpo fônico. A semelhança, característica dos elementos que estão no mesmo paradigma, passa a existir entre os elementos do mesmo sintagma ou frase. O resultado desse jogo é chamar a atenção do receptor, despertar nele sensações de agrado ou estéticas, ajudar no processo de memorização, fazê-lo ocupar-se ou entreter-se com o texto.

A rima é particularmente usada e apreciada em textos de propaganda: "A força do novo, a força do povo.", dos candidatos ao Legislativo Toni Garcia e Luís Carlos Alborghetti; "Luz que se apaga é luz que não se paga.", dizia propaganda da Companhia Paranaense de Energia Elétrica – COPEL; "Fotóptica é soft no atendimento e não é hard no pagamento." (*Folha*, 1/5/91, p.6-3).

Muitas vezes também se faz presente o ritmo além da rima. Propaganda da Prefeitura Municipal de Guaratuba reza: "Lixo em terreno baldio, rato forte e sadio." Ritmo temos também em "Preço de compromisso. O preço que você quer, do jeito que você gosta" (*Folha*, 3/11/88, p.B-3: propaganda do Carrefour). Rima e ritmo se somam nesta propaganda do Supermercado Condor: "No Condor comprou, girou, ganhou".

A aliteração é, ao lado da rima e do ritmo, recurso bastante frequente: "Frangos e Fritas" é nome de restaurante em Curitiba. "Vá e venha pela Penha." soma duas aliterações com rima e ritmo. Ritmo e aliteração temos em "Se é Bayer é bom." e em "Venha, veja e viva." (*Desfile*, fevereiro de 1990, p.33: propaganda do Hotel Primus).

A paronomásia é, segundo Jacobson (11:112), "uma confrontação semântica de palavras similares do ponto de vista fônico" e "desempenha papel considerável na vida da linguagem". E logo adiante: "É numa apofonia vocálica que se baseia o título-trocadilho de um artigo de jornal: 'Força ou farsa multilateral?'" Vejamos algumas paronomásias da linguagem da propaganda: "Companhia Marítima comunica aos lojistas e cardiologistas que vêm aí seus biquínis e maiôs." (*Elle*, outubro de 1990, p. 46s.). "Verão colorido. Verão Colorama."; "O Cartão Nacional Visa avisa: (...)." (*Folha*, 4/2/91, p.A-7). Observe-se no exemplo acima que *colorido* e *Colorama* não estão propriamente em confrontação semântica como quer Jacobson.

Jogo com a estrutura morfológica e corpo fônico das palavras para o qual não encontramos nome nos livros especializados temos em vários textos de propaganda: "Se você quer saber se a União Soviética vai virar Desunião Soviética, assine a Folha." (*Folha*, 3/2190, p.C-7); "II concurso de receitas Bauducco. Aqui, talentos provados e aprovados." (*Cláudia*, fevereiro de 1990, p.7); "Vendem-se casas impopulares para construir casas populares." (*Veja*, de 18/4/90, p. 28s.), a propósito da venda de mansões do Governo, em Brasília; "Monte a casa sem desmontar o orçamento." (*Folha*, 14/5/89, p.B-11: propaganda da Arapuã); "Sele novas amizades. Colecione selos.", dizia cartaz no Correio. Na mesma linha tivemos quase no início deste subitem: "Hoje queremos homenagear uma categoria que nem tem sindicato: o síndico do seu edifício."

Preocupação de ênfase na mensagem há também no jogo com a frase feita: "Ponto Frio. Preço baixo para o dia a dia das mães." (*Folha*, 5/5/91, p.3-8s.); "Isto é da sua conta. Tudo que você precisa saber sobre o seu banco." (de livrinho sobre o Bamerindus), em que temos também o jogo polissêmico com a palavra *conta*; "No Hotel Doral Torres o que vem na geladeira não é da sua conta." (*outdoor*), em que temos o mesmo jogo polissêmico; "Os 5 mil compradores da copiadora Triunfo TM – 111C estão até aqui de satisfação." (*Veja*, 15/11/89, p.62), em que a expressão "estar até aqui", normalmente acompanhada de gesto, tem continuidade, mudando seu sentido negativo, o que causa estranhamento.

Função estética temos igualmente em jogos de palavras. Vejamos uns poucos exemplos apenas: "É injusto chamar de conserva uma conserva que não tem conservantes. Legumes Cica. Conservados só com água e sal." (*Veja*, 19/9/90, p.121); "Na Bolsa de Salários do Classifolha você sempre sabe como está seu bolso." (*Folha*, 12/11/89, p.C-10); "Credite no Brasil.", *outdoor* do Bamerindus, exposto em outubro de 1989, época de eleições e de clima de pessimismo e de descrédito do governo, joga com as palavras *credite* e *acredite*, esta embutida veladamente naquela, sendo de ressaltar que *crédito* e *creditar* são termos do dia a dia da vida bancária (v. adiante o item "O jogo com a palavra").

Um último aspecto a que daremos destaque dentro do contexto da função estética é o uso de letras ou combinações de letras que chamamos de exóticas. Esse recurso tem, naturalmente, sentido apenas na linguagem da propaganda escrita. É um aspecto essencialmente gráfico e visual, merecendo destaque o fato de se contrariarem as normas ortográficas. É recurso exclusivo, pelo que pudemos observar, de nomes de lojas, firmas, empresas e outras instituições. Alguns exemplos: "Styllu's", nome de academia de ginástica de Curitiba, em que temos, além do *y* e dos dois *ll*, o genitivo anglo-saxão, muitíssimo em moda em nomes de instituições comerciais ou outras; "Koisas e Koisinhas", peças para bijuterias (*Gazeta*, 13/1/91, caderno *Viver Bem*, p.31); "Kuka Freska", assistência técnica de geladeiras, *freezers* e balcões frigoríficos, em Curitiba. "Korppus", nome de academia de ginástica em Curitiba.

PROPAGANDA E IDEOLOGIA

No subitem da Introdução – "Objeto e metas do trabalho" – foi dito que aspectos linguísticos dos textos de propaganda eram o objetivo central do presente estudo e que a relação entre linguagem da propaganda e ideologia, por causa dos reflexos desta sobre aquela, seria também abordada em capítulo especial.

Segundo Fiorin (9:29)

> ideologia (...) é uma visão de mundo e há tantas visões de mundo numa dada formação social quantas forem as classes sociais (sendo que) cada uma das visões de mundo apresenta-se num discurso próprio. (E mais adiante, o mesmo autor [9:31] conclui:) Há ainda uma coisa muito importante que não devemos esquecer. Embora haja, numa formação social, tantas visões de mundo quantas forem as classes sociais, a ideologia dominante é a ideologia da classe dominante.

Sendo a linguagem da propaganda até certo ponto reflexo e expressão da ideologia dominante, dos valores em que se acredita, ela manifesta a maneira de ver o mundo de uma sociedade em certo espaço da história. Abordando essa questão sob outro ângulo, poderíamos perguntar que aspirações humanas a linguagem da propaganda procura alimentar, satisfazer ou de que aspirações humanas ela procura vir ao encontro, sempre com o objetivo de vender uma ideia e, mais comumente até do que isso, um produto ou serviço.

Alguns desses valores aceitos pela classe dominante principalmente e que encontram expressão na linguagem da propaganda e que se destacaram ao longo de nossa pesquisa são: o valor do tradicional, do antigo, conjugado muitas vezes com o moderno e com o que tem qualidade; a juventude e a beleza como qualidades que podem ser permanentes ou imutáveis; o requinte dos alimentos, bebidas, trajes ou espaços físicos; ecologia e alimentos naturais; o vestir-se de acordo com a moda; sucesso pessoal ou profissional manifestado pela riqueza, pelos bens, roupas, carros, moradia, padrão alto de vida, *status* social; a eficiência de artigos de beleza ou roupas, principalmente as roupas íntimas femininas, para o início ou a continuidade das relações eróticas; o apreço pelo que tem origem estrangeira, com destaque ao que é de origem francesa principalmente ou anglo-saxã. Aspecto particularmente interessante a enfatizar nesse contexto é a recorrência de certos substantivos e adjetivos, como veremos adiante.

Para adiantar, veja-se a propósito a introdução de texto em que a Fundação Educacional do Estado do Paraná – FUNDEPAR oferece a empresas espaço de propaganda em *kits* escolares que vai distribuir em troca de financiamento: "Novo. Inédito. Exclusivo. Diferente. Pioneiro. Primeiro. São adjetivos que todo bom empresário gosta de usar para definir as novidades que oferece ou os novos meios de expressar suas ideias ao público".

Lage (13:49) traz à baila aspecto que cabe também muito bem nesse contexto de ideologia, valores e ideais e linguagem da propaganda:

> d) notícias que se articulam em torno de *personagens* (o grifo é nosso) que correspondem a aspirações coletivas, àquilo que as pessoas gostariam de ser – mais alegres, mais saudáveis, mais ricas. O termo de identificação pode ser uma característica comum como o aspecto físico ou a faixa de idade.

Lembramos a propósito as muitas propagandas com Pelé, Fittipaldi, Senna, Gérson, Faustão, Gugu Liberato, Xuxa e Regina Duarte. Parece, finalmente, não ser demais enfatizar que todos esses recursos são meios suasórios, recursos com que se quer persuadir o destinatário da mensagem, o possível consumidor principalmente. A seguir apresentaremos alguns textos de propaganda que incorporam mensagens que são a expressão de ideologias, valores ou ideais de vida dominantes.

A juventude como valor está na propaganda "Chegou o samba que as mulheres vão cantar. Cueca Mash. Samba jovem.", aliás com uma ponta de erotismo escondida na ambiguidade do verbo *cantar*. A beleza como um atributo que deve permanecer está em "Natura, 20 anos. Quem deve passar é o tempo, não a beleza." (*Cláudia*, outubro de 1989, p. 148). Beleza conjugada com ecologia temos em "Proteja essa reserva de beleza natural: seu rosto." (*Cláudia*, outubro de 1989, p. 165).

Ser jovem e permanecer jovem é um desiderato com que se procura levar à ação principalmente a mulher. Mas também ter tradição é em certos casos um valor. Quando a Antárctica deu a público o texto "1891 Antárctica 1991. 100 anos de tradição, no rumo do futuro." (*Folha*, 9/2/91, p. A-11), a Brahma respondeu com o *outdoor* "Brahma. Desde 1888." Aliás, o texto da Antárctica também aponta para o novo, para o futuro, ideia igualmente presente na propaganda da revista alemã *Scala*, de junho-julho de 1991, capa: "Venha. Nós lhe diremos onde tradição e modernidade se dão as mãos. Na Alemanha!"

Em artigo publicado na *Folha*, 13/8/91, p. 3-12, "Comerciais de carros expõem os valores do consumidor", Nelson Ascher, da equipe de articulistas daquele jornal, diz: "Raros são os comerciais que propiciam uma radiografia tão cristalina de certos padrões nacionais de comportamento quanto os de automóveis." Reclamando do fato de esses comerciais não fazerem campanhas educativas e de não enfatizarem qualidades em carros, como a segurança, ele diz mais adiante: "Os anúncios de automóveis concentram-se quase sempre em dois atrativos: o luxo, no qual se sublinha o *status* social do eventual consumidor, e a velocidade, onde se ressaltam sua juventude e dinamismo."

Qualidade em alto grau é expressa com o adjetivo *nobre* e com o substantivo dele derivado *nobreza*: "O caldo nobre da galinha azul.", propaganda da Maggi, em que o adjetivo *azul* também lembra nobreza, sangue azul. "Baron de Lantier. Sua nobreza vem do coração das uvas Chardonnay." (*Veja*, 28/8/91, p.44), em que os nomes próprios franceses também contribuem para a ideia do distinto ou seleto.

Estar de acordo com a moda, seguir as tendências do momento, é um valor normalmente aceito e difundido: "Descontraído o suficiente para sair do padrão. Inteligente o bastante para seguir a tendência." (*Cláudia*, abril de 1990, p.12s.: propaganda de roupa da marca Ted Lapidus), texto digno de nota também por seus paralelismos (v. no item "Paralelismo", cap. 5), isto é, pelo equilíbrio entre as duas frases do texto e entre as partes que compõem cada frase. A moda pode revelar tendências especiais, caso das roupas ou música *country*, em voga no momento, até em setores urbanos. Em casa de bairro classe A de Curitiba, placa convidava para "Aula de pintura em madeira, estilo country fino".

Requinte, classe, elegância, *status*, sucesso, alto padrão de vida são ideais apregoados e que são alcançados se consumirmos tais e tais produtos, sendo que o fato de consumirmos este ou aquele produto dá testemunho de que somos detentores de todas estas marcas de distinção. Vejamos alguns textos: "Pessoas que extraem o melhor da vida preferem Forestier." (*Veja*, 4/7/90, capa); "A elegância que você exige, com a classe de Kitchens." (*Desfile*, julho de 1989, p.33); "A maneira mais fácil de ser feliz, ter saúde, sucesso e abundância. Curso PODER DA MENTE, com o Prof. Padre Lauro Trevisan. (...)." (de cartaz); "Ter é poder. Cartão de Crédito 'Diner's Club'." (de propaganda na TV Globo). Colégio em Curitiba se chama "Expoente" e propagandas em *outdoors* com aluno e aluna em atividades escolares apresentam a frase: "Futuro expoente da sociedade." Cabe aqui, de certa maneira, frase de Fiorin (9:41):

> No imaginário da classe média, o tema do 'luxo' e do 'requinte' é figurativizado por baixelas de prata, porcelanas, tapetes persas, poltronas de veludo, quadros, etc.

Êxito no relacionamento amoroso ou erótico como resultado do consumo de determinados produtos, principalmente lingerie por parte da mulher, é uma tônica de muitas propagandas: "Você fica linda com as rendas de fora. De Millus renda francesa. Dessa vez a De Millus foi longe demais. Trouxe da França a melhor qualidade de renda em branco, preto, champagne, rosa e no exclusivo tom caramelo. Você usa e faz as coisas serem sempre diferentes. É por essas e outras que você é a única que importa para ele. De Millus feito com amor." (*Marie Claire*, abril de 1991, capa); "Só os homens de tato vão descobrir as novidades desta coleção Valisère." (*Desfile*, novembro de 1990, p.12s.), com destaque ao duplo sentido, à possibilidade de leitura metafórica e não metafórica da palavra *tato*, dentro do sintagma *homens de tato*; "Com Darling Uva você logo arruma um cacho." (*Cláudia*, maio de 1990, p.5), em que chama também a atenção o emprego de gíria; "Entregue sua declaração de renda ainda hoje e leve uma mordida do seu leão." (*Marie Claire*, abril de 1991, p.8s.: propaganda da *Valisère*), texto interessante pela polissemia e pela referência a fato do momento: a entrega da declaração do Imposto de Renda.

O erotismo também é usado para chamar a atenção para outros produtos que não roupas: "Lapiseira Tikky. Uma alemãzinha pra se curtir em todos os momentos. Tecnologia Rotring." (de *outdoor*), em que é preciso ressaltar, também, a polissemia e a figura da personificação da lapiseira; "Veja a partir de hoje cenas de intimidade explícita com a menina. A partir de hoje, homens de 5 países vão deitar e rolar com esta menina nos gramados do Canindé e Pacaembu. (...)." (*Folha*, 10/1/90, p.C-3), texto que é completado por figuras de bola de futebol e pé com chuteira. A loja "Show de Colchões", de Curitiba, faz propaganda em *outdoor* do colchão "Bom de Cama".

Como não podia deixar de ser, a ecologia faz parte da ideologia dos nossos tempos, fato que tem reflexo em textos de propaganda. A propósito do aniversário de Curitiba, a capital ecológica (29 de março), a *Brahma* exibiu o seguinte *outdoor*:

"Um brinde à qualidade de vida."

Outros textos de propaganda voltados para a ecologia: "Herbíssimo, fragrância da natureza que Dana trouxe da Europa para você. Deo-colônia e Desodorante Roll-on em quatro opções ecológicas: (...)." (*Desfile*, dezembro de 1990, p.21), com um superlativo de substantivo não muito ortodoxo, mas encontrável em textos de propaganda, além da referência à Europa e dois nomes exóticos; "Proteja essa reserva de beleza natural: seu rosto." (*Cláudia*, outubro de 1989, p.165: propaganda de *Coty Revita*); "O menor preço está acampado no Carrefour. Com a economia Carrefour você aproveita mais a natureza. E até o seu bolso respira melhor." (*Folha*, 19/1/89, p.A-9: propaganda de material de *camping*), em que se deve louvar a felicidade da metáfora *seu bolso respira melhor*.

É fato muito frequente no português de hoje a incorporação de empréstimos linguísticos, sendo os de origem inglesa os mais numerosos. No passado sabemos que do francês vieram muitas palavras, principalmente dos campos semânticos da culinária, do vestuário e cosmético. Se nos ativermos à linguagem da propaganda, no entanto, constataremos facilmente que o francês ainda é a língua que exerce a maior influência, principalmente quando o texto de propaganda está preocupado em expressar requinte, bom gosto, esmero, apuro, o chique enfim, ou se inserir no campo do erotismo. É claro que do inglês também se fazem importações, porém mais em áreas relacionadas com roupas ou calçados esportivos, esporte, algumas comidas, uísque, etc. O que é patente, no entanto, acima de tudo, é que a xenofilia ou o xenofilismo é um fato bem vivo em nossa cultura.

Alguns exemplos do francês: "*Le Piège* Motel. Bons momentos exigem classe." (de *outdoor*); "*Pompadour* Motel" (de *outdoor*); Il y a tant de façons de porter Pacorabanne. (*Desfile*, dezembro de 1990, p.7), texto todo em francês, entendido provavelmente pela minoria, mas que, mesmo assim, deve exercer grande apelo, sendo de destacar que a marca do produto é conhecida; "Este é um *Chateaubriand* com um toque de gourmet. Chateaubriand sauce moutarde (...)." (*Nova*, junho de 1990, capa: propaganda da Maionese Gourmet). Em nomes de prédios residenciais são muito apreciados nomes franceses. Em Curitiba, no bairro do Bacacheri, dois prédios, o Village Saint Ettienne (sic!) e o Saint Dessiré (sic!) contrastam com uma oficina que os separa, onde se leem os termos nada requintados ou refinados "lataria e pintura".

Exemplos do inglês: "*Nike Air Cross Trainer*. Para ele, um esporte só é pouco. Nike Air Cross Trainer. O primeiro tênis específico para todos os esportes." (*Nova*, setembro de 1990, p.46s.), em que também é interessante a convivência de certo modo forçada de *específico* com *todos os esportes*; Jeans Night and Day. (*Nova*, agosto de 1990, p. 102); "Em cima de um *All Star* tem sempre uma grande estrela." (*Desfile*, julho de 1989, p.15: propaganda do tênis *All Star*), em que o uso de *tem* em vez de *há* não é nada refinado, contribuindo mesmo para o contexto que fala de calçados esportivos; When business becomes a pleasure. Buchanan's De Luxe Scotch Whisky. (*Veja*, 11/9/91, p.6), em que imagem, o nome da marca, *De Luxe* e a palavra *whisky* com certeza têm força apelativa mesmo para o receptor que não sabe inglês.

No nome de churrascaria *Espetu's*, de Curitiba, há uma combinação do nominativo singular masculino latino em *-us* com o genitivo anglo-saxão '*s*. *Outdoor* contrapunha maçã de cor cinza, acompanhada da palavra *Alimento*, a maçã colorida junto com a palavra *Alimentus*, quadro completado pela frase

40

"A diferença está na qualidade." *Alimentus*, com terminação tipicamente latina, é nome de firma ligada ao fornecimento de vales-refeição, sendo que o latim dá o toque de classe, categoria ou boa qualidade. Nomes alemães bem como italianos ou outros encontram-se em nomes de restaurantes – destacando-se o italiano quando o referente são massas ou vinhos e o alemão quando a referência é cerveja: "*Prosit*. No Bierhalle o seu aniversário tem clima de festa e presente pra você." (*O Estado de S.Paulo*, 6/4/91, Caderno 2, p.11), sendo que *Bierhalle* está em letras góticas, um signo indicial. Nomes italianos também aparecem, com certa fequência, em marcas de roupas: *Giorgio Armani, Gucci*.

Como consequência dos valores que são seguidamente enaltecidos nos textos de propaganda, temos róis de adjetivos, substantivos ou sintagmas nominais mais ou menos fixos, que ocorrem com frequência. Como é de esperar, os referentes são objetos ou qualidades de caráter positivo. Veja-se o seguinte texto de empresa de construção:

> Por que rasgar seus sonhos? A Marco Baroni juntou todos eles em Ubatuba Country. Você sempre sonhou com um lugar que reunisse o ar puro da montanha e a brisa do mar. Ubatuba Country é esse lugar! Na região nobre do litoral norte, você adquire casas dentro de um clube privée, com toda a natureza à sua volta e onde o ar é puro, junto do verde da serra e pertinho do azul do mar.

Ou estes outros, da *M3 Santista*: "Índigo macio, charmoso, resistente, procura jovens para relacionamento duradouro." (*Desfile*, novembro de 1989, p.92s.) e da *Elegan*: "Elegan é uma verdadeira máscara de beleza que depila suavemente qualquer parte do corpo, deixando a pele macia, gostosa, aveludada." (*Superinteressante*, maio de 1990, p.33).

Textos de propagandas com substantivos que ocorrem com frequência temos em: "Tapetec. Tradição com garantia de qualidade." (de *outdoor*); "A elegância que você exige, com a classe de Kitchens." (*Desfile*, julho de 1989, p.33); "No centro de São Paulo modernidade, charme e conforto." (*Folha*, 7/5/91, p.5-1).

Listaremos, a seguir, alguns adjetivos, substantivos e sintagmas nominais encontráveis com maior frequência: adjetivos: *alegre, aveludado, bonito, charmoso, clássico, conceituado, elegante, especial, exclusivo, fino, gostoso, inigualável, natural, nobre, perfumado, potente, produtivo, sedoso, suave, surpreendente*; substantivos: *abundância, categoria, charme, classe, conforto, elegância, estilo, futuro, lazer, modernidade, natureza, nobreza, personalidade, qualidade, requinte, saúde, tradição*; sintagmas: *bom gosto, muito por pouco, preço baixo*.

APÊNDICE

Pensando nos vários aspectos desenvolvidos neste capítulo concernentes à ideologia ou visão de mundo sempre de novo presente nos textos de propaganda, imaginamos desenvolver uma crônica cujos personagens vivessem, *mutatis mutandis*, no seu dia a dia, esse conjunto de valores. Pensamos, também, que essa crônica, para cuja redação tivemos a valiosa contribuição de Rosane Vida Canfield, funcionária da Fundação Educacional do Estado do Paraná – FUNDEPAR, vem, no presente caso, coroar um texto de caráter técnico, sendo que, por seu caráter não técnico, damos a esta seção o nome de Apêndice.

UM DIA MUITO ESPECIAL

Após uma noite bem-dormida, eles acordam felizes, pois hoje é um dia especial! Patrícia vai ter um dia cheio. Mesmo assim, não abre mão de sua aula de aeróbica. Veste-se rápido, estreando sua nova indumentária. Deixa de lado os tons neutros e adere às cores vivas da temporada. Escolhe um collant verde-limão, meias do mesmo tom, tudo da Kalu Aché, e tênis da M2000, alto impacto, indicado para esse tipo de esporte.

Maurício, que é cirurgião plástico, está entretido com as últimas notícias da Folha de S. Paulo, não se dando conta de que o tempo está passando rápido. Quando olha para o seu Super

Rolex, pulseira de aço e ouro, percebe que está atrasado para a única cirurgia do dia. Apressadamente coloca a camisa de cambraia e a calça branca, do mais puro linho Braspérola, do Magazin Avenida, e sai em busca de seu Escort XR3/92, conversível, azul-cobalto.

Patrícia retoma de sua malhação e prepara o seu breakfast, todo ele diet. A seguir, cuida de seu make-up, usando os produtos da Lancôme, inigualáveis, pois propõem a beleza eterna de Isabella Rosselini. Ato contínuo, vai até a janela do seu apartamento de cobertura, situado defronte ao Country Club, para observar o tempo. Constata que a piscina está convidativa e imagina-se naquele último modelito meia-taça, lançamento Verão 92, da Porta do Sol, que favorece seu corpo.

Em seguida cai na real, lembrando-se de que já está atrasada para a reunião com um grupo de acionistas de sua empresa. Desce até a garagem e solicita ao garagista que traga depressa o seu Versailles.

Concluída a reunião, recebe convite de amigos, recém-chegados da Ilha de Báli, para almoçar no requintado Brasserie 99, do Hotel Bourbon.

Como a noite promete, em função da comemoração do aniversário de casamento, Patrícia, após o almoço, desmarca todos os compromissos e se dirige ao Shopping Mueller, precisamente à Joalheria H. Stern, sinônimo de garantia e qualidade, e compra um pregador de gravata para Maurício, presente indicado para fazer jus às suas gravatas Hermès. Posteriormente, passando pela Hugo Boss, não resiste à cueca samba-canção de seda pura, estampa cashmere, exposta na vitrine.

Para ela, escolhe um parka de organza noire, deveras insinuante, da Maria Bonita, que fará composé com a lingerie de rendas, da mesma cor, Valisère, sensualíssima. Já havia decidido o perfume: seria o envolvente Sâmsara, da Guerlain.

Maurício retorna para casa ao cair da tarde. Já tinha ido ao clube para a sua partida de squash, tendo vencido seu maior rival e estando de bem com a vida. Antes de ir para o banho, toma uma dose de seu uísque predileto, Logan, para relaxar, bem como escolhe o terno que irá vestir, ficando na dúvida entre o azul-marinho de linho da VR – Vila Romana – ou o marrom de casimira inglesa confeccionado por Bruno Minelli, chiquésimo. Decide-se pelo marrom, que vai combinar muito bem com seu perfume âmbar Fahrenheit, da Maison Dior.

Enfim, chegou a hora. Patrícia tinha providenciado reserva no Île de France, para um jantar à luz de velas. O menu escolhido foi poisson aux fruits de mer, prato preferido de Maurício, com um vinho Beaujolais e sobremesa profiteroles à la crème de chocolat.

Depois desse jantar maravilhoso, o casal, já recolhido em seus aposentos, celebra a data brindando com o borbulhante Veuve Clicquot e ao som do memorável Nat King Cole...

CARACTERÍSTICAS DA LINGUAGEM DA PROPAGANDA

Procuraremos neste capítulo destacar as características da linguagem da propaganda, para ver se há um estilo propagandístico ou publicitário, entendendo-se como estilo as características gerais próprias desses textos, o que os caracteriza e muitas vezes distingue de outros textos. É, por exemplo, característica dos textos de propaganda não serem muitas vezes constituídos por frases ou períodos completos: "Chevrolet Ipanema. O carro com ousadia de ser mais." (*Cláudia*, dezembro de 1989, p.60s.); "Moda moldes. Tudo na moda. Tudo com moldes. A moda que você faz e usa." (cartaz da Editora Globo em bancas). Poderíamos dizer que esse é um traço estilístico bastante frequente e típico da linguagem da propaganda. Não se entende, naturalmente que traço estilístico de texto de propaganda seja traço que lhe é inteiramente exclusivo, que outros tipos de textos não possam compartilhar tal ou qual traço.

Se entendermos ser objeto da estilística o "estudo do estilo", entendido como a "maneira peculiar ou especial de nos expressarmos oralmente ou por escrito" (*Duden*), e, como quer o *Aurélio*, "o estudo da expressividade duma língua, *i.e.*, da sua capacidade de sugestionar e emocionar mediante determinados processos e efeitos de estilo", temos a soma dos aspectos que nos vão ocupar no presente capítulo. Quando coordenamos mediante a conjunção *e* o que diz o *Duden* e o que diz o *Aurélio*, estamos querendo dizer que vão nos ocupar tanto os aspectos gerais e diversos que são próprios da linguagem da propaganda como os recursos muitas vezes chamados de desvios, entendido "estilo como um desvio de uma norma (...).", como querem Enkvist et al. (23ss).

Pode-se naturalmente questionar a afirmação acima de que estilo é desvio de uma norma. É claro que se entendermos que somente a modalidade padrão é correta, que ela é o ideal que se deve sempre procurar praticar, todas as outras modalidades ou variantes são desvios. Mas, se se entender que todas as variantes diastráticas, diatópicas ou diafásicas têm sua hora e vez, que estilo, como quer o *Aurélio*, é a "capacidade de sugestionar e emocionar mediante determinados processos e efeitos", não se dirá que estilo é desvio. Antes se dirá que ele é um caminho paralelo, que tem destino ou meta próprios e meios próprios para atingir esse destino ou meta. E é assim que entendemos a questão aqui.

Veja-se, a propósito, o efeito formidável do emprego proposital de um desvio ortográfico: "Paralização – a nossa visão. Quem consegue ver numa paralisação somente um erro ortográfico é míope." (folheto da ASMUC – Associação do Magistério Municipal de Curitiba). Ou este texto de *outdoor*: "Carrefour Pinhais. Totalmente demais.", em que há a combinação inusitada de *totalmente* e *demais*. Cartaz de programação artística que tinha como centro a obra de Adoniran Barbosa trazia como título o verbo no gerúndio "*Adonirando*", formação legítima, muito criativa e muito expressiva naquele contexto, mas estranha e não normal de modo geral. Cartaz em frente ao Teatro Guaíra convidava para a apresentação de "As aventuras de Percorremundo e Vercomé", com prenomes estranhos, mas criativos e muito originais e sem dúvida válidos para o todo e o sentido da peça. Nas diferentes seções e subseções do presente capítulo apresentar-se-ão, portanto, considerações sobre características da linguagem da propaganda que vamos chamar de gerais, seguidas, quando for o caso, de características que vamos chamar de especiais, ou especialmente criativas, ocasião em que também se poderá falar dos chamados "desvios" gramaticais.

Pensamentos de outros autores sobre o assunto em pauta contribuirão de certo para maior clareza a respeito dele. Eco (6:157) diz, por exemplo:

> A técnica publicitária, nos seus melhores exemplos, parece baseada no pressuposto informacional de que um anúncio mais atrairá a atenção do espectador quanto mais violar as normas comunicacionais adquiridas (e subverter, destarte, um sistema de expectativas retóricas).

Jacobson (10:151) observa com propriedade:

> É sobre o pano de fundo da tradição que a inovação é percebida. Os estudos formalistas têm demonstrado que é essa simultaneidade entre a manutenção da tradição e a ruptura da tradição que forma a essência de toda inovação em arte.

Parece essencial ou importante distinguir também o que se pode chamar de desvio da norma culta ou padrão e desvio do uso ou da norma linguística em geral. Quando em propaganda citada logo acima se faz referência à escrita *paralização* em vez de *paralisação* ou quando propaganda do Ministério da Saúde, dada a público em *outdoor*, mistura o tratamento de *tu* com *você* ("Se você não se cuidar, a AIDS vai te pegar."), temos na verdade desvios da norma culta ou padrão e não da norma linguística do português tomada em sentido geral. Já um texto como o seguinte contém no final um desvio da norma ou do uso generalizado: "Somente as empresas que respeitam o consumidor serão por ele respeitadas. Revogam-se as empresas em contrário." (*Desfile*, março de 1991, p.22s.: propaganda da *Sadia*). Também constitui uma inovação inusitada, um desvio da norma em geral a repetição do mesmo elemento depois da conjunção alternativa: "Citiconta cruzeiros. Agora é render ou render." (*Veja*, 14/4/90, p.66s.). Aliás o presidente Collor usava em sua campanha o "*vencer ou vencer*", em que a propaganda acima deve ter se inspirado.

Sobre a criatividade, especialmente no campo lexical, abrangendo diferentes desvios dos modelos de formação de palavras, podem ser colhidos numerosos exemplos em Sandmann (22:63ss.), principalmente nas seções 3.5 "Restrições à Produtividade Lexical e Aspectos de Estilística" e 4.4 "Bloqueio da Produtividade Lexical e Aspectos de Estilística".

O que se há de ressaltar também aqui é que esses desvios tanto da norma culta ou padrão como do uso ou da norma linguística em geral não devem ser gratuitos, mas ter um especial interesse comunicativo, de chocar, de chamar a atenção do interlocutor. Só esse especial interesse comunicativo os justificará ou lhes dará legitimidade. Collor quis, por exemplo, dar a entender sua absoluta certeza de vitória, recurso argumentativo ou apelativo sem dúvida eficiente.

Nas seções e subseções que seguem abordaremos aspectos mais gerais da linguagem da propaganda e aspectos que vamos chamar de especialmente criativos, com destaque aos chamados desvios gramaticais.

VARIAÇÃO LINGUÍSTICA

Conforme enfatizamos na introdução deste trabalho, o *corpus* em que nos apoiamos constitui-se basicamente de textos colhidos da mídia escrita e *outdoors*. Como a mídia escrita se vale para a comunicação basicamente da linguagem padrão, mais formal, talvez fosse de esperar que os textos de propaganda também se valessem dessa modalidade. Não nos preocupamos, na verdade, de fazer um levantamento estatístico, mas o leitor poderá verificar que em muitos textos predomina o coloquial, manifestado por diversos recursos, que se podem encontrar numerosas gírias, que o pronome de tratamento mais frequente é *você*, o qual denota informalidade, etc.

Parece-nos que o uso desses meios constitui-se em valioso recurso para atrair o leitor, para chamar sua simpatia, para prender sua atenção, para chocá-lo até, como pode ser no caso do uso de certas gírias. Resumindo, pode-se dizer que são todas formas de manifestar empatia, de prender a atenção do receptor.

Se levarmos em consideração um código linguístico como o português – o que se vai dizer vale, naturalmente e de certa maneira, para os códigos linguísticos em geral –, verificaremos que ele não é uma coisa uniforme, que ele é antes um feixe de variedades. Essa variação pode-se dar entre períodos de tempo mais longos, a variação diacrônica, ou no espaço geográfico, a variação diatópica, em geral conhecida como os dialetos. A diferença também pode ser constatada entre as diferentes camadas sociais, os estratos sociais, a variação diastrática, ou entre as diferentes gerações que convivem, a variação diafásica. A variação pode ser, finalmente, verificada num mesmo indivíduo, que adapta sua fala ou seu uso escrito da língua ao contexto ou à situação, mais formal, menos formal, etc., como ele muda sua indumentária de acordo com o momento: esportiva, um pouco formal, bem formal. A essa variação se dá o nome de registro, de que são exemplo o coloquial, bastante frequente senão predominante na linguagem da propaganda, e o adloquial, usado, por exemplo, em exposições científicas ou elocuções formais. Já a gíria, também presente em textos de propaganda, tem mais relação com a variação diafásica ou diastrática.

Exemplos de gíria encontramos em vários textos: "Há 40 anos a melhor indústria de carrocerias pintou no pedaço. Já com a tinta ideal. Facchini." (*Folha*, 20/6/89, p.A-4), com destaque à felicidade da gíria *pintou no pedaço*, que também tem relação com tinta, produto em promoção; "Passe Cremer no seu corpo. Você vai ficar cada vez mais enxuta." (*Elle*, outubro de 1990, p.165: propaganda das toalhas *Cremer*), em que *Cremer* e *passar* também lembram *passar creme* e *enxuta* é polissêmico; "Boa Forma. A melhor forma de viver numa boa." (*Superinteressante*, agosto de 1989, capa: propaganda da revista *Boa Forma*), em que temos também o jogo de *boa forma* com *melhor forma* e o uso de *boa* como adjetivo e substantivo, este último, um caso de conversão; "O melhor amigo do gato é o cachorro." (*Veja*, 24/4/91, p.9 de *Veja Paraná*: propaganda do sapato *Bull-dog*, da *Samello*): além da gíria *gato* "homem", contraria-se a ideia de que gato e cachorro não são amigos, expressa na frase

"Brigam que nem gato e cachorro."; "IPTU 91. A Prefeitura deixa por menos para Curitiba ser demais." (de *outdoor*); "Em vez de gastar os tubos com irrigação, use os nossos. Nova linha de tubos de polietileno Cipla." (*Folha*, 5/6/90, p.G-3); "Com Darling Uva você logo arruma um cacho." (*Cláudia*, maio de 1990, p.5: propaganda da lingerie *Darling*), com forte carga de erotismo, além da gíria e do jogo (cor de) uva com cacho (de uva).

Textos de propaganda em tom coloquial, como dissemos acima, são a regra: "Metade agora, metade depois e fim de papo. O Jumbo Eletro não cobra juros." (*Folha*, 18/7/91, p.1-5); "Por 5 x Cr$ 8.932,00 o Clóvis Rossi vai na sua casa durante 6 meses ensinar tudo sobre política." (*Folha*, 12/7/91, p.3-3: propaganda da *Folha de S.Paulo*), com destaque ao *vai na sua casa*; "*Pense mais em você, sua bobona.*" (*Desfile*, março de 1991, p.2: propaganda da *Biovita* da *Nestlé*), em que, além do *bobona*, temos o pronome de tratamento informal *sua*, feminino de *seu*, fruto da evolução de *Senhor*, através da história; "Em cima de um *All Star* tem sempre uma grande estrela." (*Desfile*, julho de 1989, p. 15: propaganda do tênis *All Star*), texto muito elogioso e envaidecedor, mas com o verbo *ter* onde caberia o verbo *haver*; "Vale Combustível Bamerindus. Pague fácil. É só passar o cartão. (...) Vale a pena, não vale? Sempre que você ver esta marquinha aí ao lado num posto de gasolina, pode entrar que tem Rede Fácil para o seu carro." (*Folha*, 3/4/91, p.1-5), de que destacamos a forma do futuro do subjuntivo (*sempre que você*) *ver* em vez de (*sempre que você*) *vir*.

Testemunho ou marca do tom coloquial é também o uso de pronomes de tratamento não cerimoniosos: "Mês do som na Zacharias. A melhor cantada que você já levou na sua vida." (*Folha*, 9/4/91, p.4-1), com o informal *você* e o jogo de *som* e *cantada*; "Chegou Consórcio Garavelo Habitacional. A melhor saída para você entrar na casa própria." (*Cláudia*, junho de 1990, p.32s.), que, além do coloquial *você*, nos apresenta *saída* em sentido metafórico e contrastando com *entrar*, que está em sentido não metafórico; "Agora você pode fazer um grande investimento deste tamanho. Vem aí ouro puro. 5 gramas Banespa." (*Folha*,

31/8/91, p.2-1), com um estranho emprego pleonástico de *grande* e *deste* (*tamanho*), com a ênfase de que o dêitico *deste* indicando tamanho, em geral grande, é típico da linguagem oral, com emissor e receptor presentes e no mesmo contexto.

Textos que caberiam perfeitamente dentro de contextos formais e que estão plenamente de acordo com a modalidade padrão também podem naturalmente ser encontrados: "A Rossi Residencial orgulhosamente apresenta o grande lançamento do ano." (*Folha*, 29/10/89, p.I-1); "Esta marca significa segurança, eficiência, agilidade, tradição, profissionalismo, tranquilidade, 54 anos de experiência e atualização constante no mercado imobiliário." (*Folha*, 25/11/89, p.A-7): propaganda da Lopes Consultoria de Imóveis); "No mundo pós-moderno vence quem tem pós-graduação." (*Folha*, 30/11/89, p.C-3: propaganda do *Centro de Estudos de Pós-graduação – CEPG*).

EMPRÉSTIMO LINGUÍSTICO

Sob o aspecto da gramática normativa, válida, sem dúvida, para a linguagem padrão, poder-se-ia dizer que na linguagem da propaganda há muitos empréstimos linguísticos viciosos, porque empregados em lugar de termos vernáculos, sendo desnecessários, porque não vêm preencher lacuna. Seria o caso de se usar, por exemplo, *griffe* no lugar de *marca*, como em "O Esplanada Shopping Center tem as nossas griffes." (*Folha*, 3/9/91, p.3-3). Há que observar, no entanto, que os textos de propaganda, como mostramos na seção anterior, não são em geral textos padrões ou da linguagem formal. Para vender o produto ou o serviço eles usam os meios considerados mais adequados, os que mais eficientemente atingem o alvo. Se *griffe* é mais chique, mais requintado, mais exótico do que *marca*, *griffe* vai ser usado. A mesma razão fez com que se implantassem definitivamente *shopping center* ou a forma elíptica *shopping*, e sem adaptação gráfica ou ortográfica, como aliás também em *griffe*. Em "Fotóptica é soft no atendimento e não é hard no pagamento." (*Folha*, 1/5/91, p.6-3), formidável pela rima, ritmo e antonímia, *soft* e *hard* poderiam ser perfeitamente substituídos pelos vernáculos *suave* e *rígido*, mas não haveria o jogo com os termos estrangeiros.

Uísque é associado com Escócia e língua inglesa, o que motivou um texto de propaganda todo em inglês: "When business becomes a pleasure. Buchanan's De Luxe Scotch whisky." (*Veja*, 11/9/91, p.6), o qual, mesmo que não entendido na íntegra, cria uma aura de fineza, de legitimidade, originalidade ou autenticidade.

O uso do genitivo anglo-saxão – *my father's house* "a casa de meu pai" – é uma forma de empréstimo bastante frequente em nomes próprios comerciais: *Barra's Bar*; *Eduart's*, loja de material para pisos, em que se poderia ver também um cruzamento vocabular: *Eduardo + Art(e)*. Vale observar que em nomes como esses ainda se poderia ver a função originária desse *'s*, isto é, indicar posse ou atribuição: *Bar da Barra*, (*Loja*) *do Eduardo*, o que não temos em formações como *Espetu's*, nome de churrascaria, ou *Sempre Presente's*, nome de loja, com destaque também à exótica terminação latina *-us* de *Espetu's*, naturalmente mais auditiva do que visual.

Cremos também poder ser atribuído à influência estrangeira, principalmente do inglês, o uso de letras ou de combinações de letras que chamamos de exóticas ou de estranhas, porque não fazem parte do nosso sistema ortográfico comum: "Bar Petiskaria Karranca; Ki Bankinha; "O dia a dia de Curitiba ficou mais gostoso, mais perfumado, mais fresquinho, mais bonito, mais alegre, mais charmoso. Chegou Chlorophylla." (*Veja*, 24/4/91, p.21 de *Veja Paraná*: propaganda de loções, desodorantes, etc. *Chlorophylla*); *Churrascaria Rancho Dovalle*; *Autoescola Ella*, uma clara imitação do francês *elle*; *Styllu's Academia*; *Tallento. Salão de Beleza. Cabeleireira e Depiladora*; *Cabeleireiros Elle & Ella*, que dispensa a expressão exótico-chique *unissex*, quase sempre presente em salões de cabeleireiro, mesmo ou principalmente na periferia de Curitiba, conforme temos observado.

Em Sandmann (22:83) já havíamos observado a predileção pelo uso de letras ou combinações de letras exóticas com objetivos estilísticos ou comunicacionais especiais: *Chikésima*, nome de butique de Curitiba; *Ká Entre Nós*, nome de bar, *Ki Dogão*, carrinho de cachorro-quente; *Suavpell*, marca de papel higiênico, etc. A propósito também é oportuna observação de Leech (14:177), que traduzimos:

> Violar normas ortográficas é uma prática comum em nomes de produtos comerciais, em que o objetivo é prover o produto de uma simbologia gráfica distintiva (...).
> Nos nomes *Brylcreem* e *Rice Krispies*, os elementos *-creem* e *Krisp-* são claramente derivados, por meio de grafia incorreta, das palavras inglesas *cream* e *crisp*. Dessa forma, nomes comerciais ganham uma imagem ortográfica exclusiva, com a vantagem de serem formados por elementos linguísticos providos de significado. Veja-se seção "Nomes comerciais", adiante, neste capítulo.

ASPECTOS (ORTO)GRÁFICOS

Na seção anterior abordamos aspectos gráficos em que se pode ver acima de tudo uma imitação de modelos estrangeiros.

Aqui, ocupar-nos-emos com jogos com a grafia em que se visam efeitos expressionais especiais. A propósito observe-se que em textos técnicos ou mesmo outros a grafia é um elemento neutro, isto é, não é usada como recurso de comunicação especial. Ela é toda fixada ou imposta pela ortografia, essencialmente normativa, e ao usuário só cabe praticá-la ou aplicá-la. Observe-se, por outro lado, que nos exemplos que apresentaremos a intenção não é propriamente desrespeitar as normas ortográficas. Em geral não há, aliás, essa questão. Há, isto sim, um jogo com aspectos gráficos, com a função e valor das letras.

Otto Lara Resende (*Folha*, 4/9/91, p.1-2) aprendeu bem e retrata com felicidade valores que as letras, símbolos a rigor neutros, podem assumir:

> Gostei dessa ideia do kaos com "k". Escrito assim, por um lado parece mais terrível, mais abissal, e por outro é novidade. O caos com "c" já está monótono e repetitivo.

E mais adiante:

Quem como eu estudou pela velha ortografia aprendeu a escrever "chaos". Com este "h" intermediário. Caiu o "h" com a reforma ortográfica, única reforma que conseguimos levar a cabo. E assim mesmo não é definitiva. Volta e meia se fala de outra reforma. Quem sabe o caos agora venha a ser escrito com "k", para assim se tornar mais ameaçador. Com "c" e sem o "h" não impressiona muito. (...) O caos caminha para o país, dizem agora vozes apocalípticas. Mas para assustar mesmo, só escrevendo com "k": o kaos!

A seguir alguns exemplos de focalização de aspectos gráficos: Integrando quadro em que aparece menino tocando violino, temos o sintagma *Concerto de Sapatos* (*Veja*, 15/11/89, p.58: propaganda da *H. Bettarello – Curtidora e Calçados*), em que a ocorrência de *concerto* no lugar de *conserto*, forma que, ao lado do verbo *consertar*, aprendemos a associar com calçados ou outros objetos, dá uma ideia de harmonia, de uma combinação feliz com as roupas ou as pessoas que usam os calçados e as roupas. Em "As praias e sua Honda esperam por você." (de *outdoor*), *Honda*, a motocicleta de que se faz propaganda, não deixa de lembrar o homônimo heterógrafo *onda*, a que nos associa, aliás, também a palavra *praias*. No texto colhido de *outdoor* "Censo 91. Conte com a gente. Ajude o Brasil a ter um bom censo.", o jogo é com os sintagmas *bom censo* e *bom senso*, aquele, um sintagma eventual ou ocasional, este, um sintagma permanente ou fixo. Fazendo alusão à frase dita pelo presidente Collor de que ele tinha aquilo roxo, cartaz, de fundo roxo, dizia: "Estamos roxos de raiva. Queremos reposição já! Vigilantes do Paraná contra o arrocho.", em que, além do emprego de dois tipos de signos, isto é, do ícone da cor roxa e do símbolo das palavras em geral, há o confronto das grafias *roxo* e *arrocho*. Folheto da Associação dos Professores da Universidade Federal do Paraná convocava para uma "greve geral contra o arroxo", em que a grafia *arroxo* em vez de *arrocho*, forma correta, aludia a "aquilo roxo", do presidente Collor. No texto de propaganda seguinte quer-se dizer que existe só uma grafia correta, a ortografia, e que existe também só uma tinta certa, adequada ou boa: "Olhe bem: É tinta fresca ou tynta fresca? Um rolo com tinta não é um rolo com tynta. Na hora de escolher a tinta, escolha a única tinta que contém Y. Tintas Ypiranga. As únicas que contêm Y." (*Veja*, 22/8/1990, p.66ss.).

Quando as letras maiúsculas são usadas no começo de frase ou depois de ponto final, não se há de ver nisso um significado muito especial. Já não se há de dizer a mesma coisa quando nomes próprios são grafados com letra maiúscula ou quando nomes comuns o são, no meio da frase, numa deferência toda especial ao referente: *Pátria, Família, Escola, Igreja*. Nesse caso temos na verdade dois signos: o símbolo e o ícone, este último expresso pelo tamanho maior da letra inicial da palavra. Significado especial também é conferido a segmentos do texto da propaganda seguinte pelas iniciais maiúsculas inusitadas: "A Nota Fiscal que você Não Pede é a casa que você Não Tem." (*Diário Oficial do Estado do Paraná*, p.1: propaganda do Governo Roberto Requião). Cotejo de nome comum e nome próprio temos em: "Não é por acaso que o ticket restaurante mais conceituado e confiável do país é Ticket Restaurante." (*Folha*, 7/5/90, p.B-1) ou em: "Desculpe, Cid. O TJ Brasil agora vai para as 20 h. Apesar desta mudança de horário impossibilitar que você veja o jornal do SBT, sem dúvida nenhuma vai permitir que muito mais gente assista ao TJ Brasil. É que o horário anterior, às 19 h, ficava um pouco apertado para quem estava recém-chegando em casa. E agora não. Às 20 h, como você sabe, é um ótimo horário para começar um jornal nacional assim como o TJ Brasil." (*Folha*, 7/5/90, p.C-8).

União de aspecto gráfico com diferente segmentabilidade de palavra temos no nome de restaurante vegetariano de Curitiba "*Vherde Jante – Restaurante & Saladas*", que lembra o adjetivo deverbal *verdejante* e pode ser lido como frase imperativa: *Jante verde*, uma formação sem dúvida bastante criativa. Volante da Associação do Magistério Municipal de Curitiba continha, entre outros, os dizeres: "Paralização – a nossa visão. Quem consegue ver numa paralisação somente um erro ortográfico é míope."

ASPECTOS FONOLÓGICOS

Leech (14:186ss.) afirma que "a linguagem consiste por natureza numa sucessividade de eventos parcialmente idênticos" e que quando essa regularidade é maior podemos falar em esquemas. No mesmo contexto o autor fala de esquemas fonológicos: aliteração, rima, ritmo – a que acrescentamos a paronomásia – e de esquemas formais, por exemplo o paralelismo, que é a repetição de padrões formais ou sintáticos, que abordaremos mais detidamente no subitem "Paralelismo" da seção "Aspectos sintáticos". Para ideia do leitor, adiantaremos exemplo de paralelismo colhido recentemente em jornal: "Antônio, encanador, teme a polícia de imigração: Ricardo, relações públicas, gosta de andar de jet ski." (*Folha*, 25/11/91, p.7-1), em que temos duas sequências paralelas de sujeito – aposto – predicado – objeto direto/objeto indireto, estes dois de complexidade um pouco diferente.

Atendo-nos nesta parte do presente trabalho aos esquemas fonológicos da rima, ritmo, aliteração e paronomásia, queremos relembrar, reportando o leitor para o capítulo 3 "Funções da linguagem", que esses recursos se inserem dentro da função poética ou estética da linguagem, a função que se concentra na mensagem, realçando o significante do signo, fazendo com que ele seja menos indiferente, apagado, arbitrário ou neutro. O que o emissor visa alcançar e normalmente logra alcançar com isso? Chamar a atenção do receptor para o conteúdo da mensagem, despertar prazer estético – ressalte-se o prazer que o ritmo desperta em nós – e obter que o conteúdo da mensagem seja memorizado mais facilmente. E se nos concentrarmos nos objetivos da linguagem da propaganda, acrescentaremos uma quarta finalidade, aliás a mais importante: levar o interlocutor à ação, principalmente ao consumo de um produto ou ao uso de um serviço.

Parece-nos oportuno lembrar que os provérbios ou ditos populares se servem com frequência dos esquemas fonológicos, com mais ou menos os mesmos objetivos acima referidos. Vejamos as rimas e o ritmo em: Quem não arrisca, não petisca; Em tempos de figos, muitos amigos; Não se pescam trutas a bragas enxutas;

De pequenino se torce o pepino; O comer e o coçar está no começar. Ou as aliterações em: Tudo que acaba bem é bom; a ferro e fogo; café frio, fraco e fedido, ouvido em tom jocoso em bar.

Em análise literária se discute muitas vezes sobre se o objetivo principal de um texto pode estar na exploração e apresentação desses recursos que vamos chamar de estéticos ou no conteúdo da mensagem. Se uma resposta conciliadora poderá ser "Nem tanto ao mar, nem tanto a terra.", o mesmo, parece-nos, não vale para os textos de propaganda. Nestes o que vale é chamar a atenção para o conteúdo da mensagem (o que nem sempre é fácil num contexto saturado de estímulos, principalmente visuais) e levar o interlocutor à ação.

Rima

A rima, basicamente repetição de um som, melhor, de sílaba ou sílabas, é fenômeno que pode estar no final de versos mas também no meio de verso, frase ou período. Exemplo do primeiro caso temos em: "Mercearia do Povo. Barato vende. Melhor atende.", propaganda em frente à loja em bairro de Curitiba. Exemplo de rima no meio do período: "No Condor comprou, girou, ganhou.", propaganda dos *Supermercados Condor*, de Curitiba, em que merece também destaque a brevidade, como que significando que, comprando no *Condor*, é fácil, simples ou automático ganhar, levar vantagem.

Propaganda rimada, de conteúdo não comercial, é a que a Prefeitura Municipal de Guaratuba colocou em terrenos baldios: "Lixo em terreno baldio, rato forte e sadio.", em que, como é frequente, temos também ritmo. É típica também de muitos textos de propaganda, como no presente, a ausência de verbo, aspecto que será mais demoradamente abordado nas seções "Aspectos Sintáticos" e "Aspectos (con)textuais".

Outros exemplos: "Philips. Dá o tom em matéria de som." (*Superinteressante*, novembro de 1987, p.11), em que a pontuação não usual – ponto separando sujeito de predicado – dá destaque ao produto; "Lentes de contacto incolores por precinhos bem indolores. Fotóptica." (*Folha*, 16/10/91), em que o diminutivo *precinhos* também tem a função de deixar o custo do produto menos doloroso. Rimas mais próximas e mais distantes temos em: "Espelho, espelho meu, veja essa blusa como se usa. E como esse tomara que caia combina com a minha saia." (*Folha*, 5/9/91, p.5-9). Nessa propaganda, em que modelo é refletida em espelho, temos também uma personificação, a do *espelho*: "Espelho, espelho meu, veja (...)."

Ritmo

Entendido como a sucessão regular de tempos fortes e fracos ou de sílabas fortes e fracas, o ritmo pode estar e muitas vezes está associado com a rima em textos de propaganda: "Vá e venha pela Penha.", em que aliás temos também aliterações; "A força do novo. A força do povo.", propaganda eleitoral de Toni Garcia e Luiz Carlos Alborghetti, respectivamente ao Senado e Assembleia Legislativa do Paraná; "Tomou Doril, a dor sumiu."; "O povo não é bobo. Prefere a Rede Globo."; "Fotóptica revela o que a vida revela.", em que também é muito interessante a polissemia do verbo *revelar*.

Em outros textos de propaganda encontramos o emprego do recurso estético do ritmo sem a rima: "Índigo Blue, Índigo Black, Índigo Jeans." (*Desfile*, novembro de 1990, p.106ss.), em que temos também o esquema formal da repetição regular de três sintagmas nominais, formados cada qual por núcleo + adjunto, a figura do paralelismo; "Complemento indispensável para um inverno inesquecível." (*Desfile*, abril de 1990, p.46: propaganda dos calçados *Fibra*); "A forma muda. A essência fica." (*Cláudia*, agosto de 1990, p.15: propaganda dos artigos de toalete *Francis*), em que também chama a atenção o paralelismo: artigo definido substantivo – verbo; "Preço de compromisso. O preço que você quer, do jeito que você pode." (*Folha*, 3/11/88, p.B-3: propaganda do *Carrefour*), em que ganha destaque também o paralelismo das duas últimas frases. Em "Futuro seguro se faz no presente. Seguros Banorte." (*Folha*, 17/4/1989, p.B-1), finalmente, merecem referência a rima no meio do verso, isto é, de *futuro* com *seguro*, e a antonímia de *futuro* e *presente*, além do ritmo, naturalmente.

Aliteração

Quando o *Aurélio* define a rima, ele fala em repetição de sons – somos de opinião que seria melhor falar em sílaba ou sílabas – e quando define a aliteração, ele fala em "repetição de fonema(s) no início, meio ou fim de vocábulos próximos (...)". Como o *Aurélio* mostra, essa repetição pode ser de um ou mais sons e pode ser no início, meio ou fim da palavra. Em nosso *corpus* foram frequentes as repetições no início da palavra, poucas as no meio da palavra e inexistentes as no final da palavra.

Exemplos de aliterações no início dos vocábulos: "Culinária com Arno & Arte.", com a repetição de dois fonemas; "Juntos a gente dá jeito." (*Folha*, 2/12/88, p.A-2: propaganda da Secretaria Especial de Ação Comunitária, de Porto Alegre, dirigida aos favelados); "Venha, veja e viva" (*Desfile*, fevereiro de 1990, p.33: propaganda do Hotel Primus); "Moda Moldes. Tudo na moda. Tudo com moldes. A moda que você faz e usa." (propaganda da revista *Moda Moldes*, da Editora Globo, em cartaz exposto em banca de revistas).

Exemplos de aliterações no meio das palavras: "Intrépida Trupe estreia em São Paulo. O grupo performático carioca Intrépida Trupe (...)." (*Folha*, 13/3/91, p.5-1); "Só aqui você encontra as melhores ofertas. Impressoras com preços impressionantes." (*Folha*, 17/7/1991, p.6-7: propaganda do Shopping da Informática), em que temos, aliás, uma repetição dos fonemas *pr-* também no início da palavra *preços*. Outros exemplos em que repetições no início e no meio das palavras se conjugam temos em: "Estamos roxos de raiva com o arrocho salarial." (*Jornal Unidade Bancária*, Ano I, nº 22, abril de 1991, p.1); "Exporte pelo porto público

de Paranaguá e aproveite um dos preços mais leves do mundo."
(*Folha*, 10/6/91, p.1-7).

Extrema riqueza formal registramos em exemplos que reúnem os esquemas da rima, ritmo e aliteração: "Vá e venha pela Penha."; "Pense forte. Pense Ford."

Paronomásia

Jacobson (10:112) define a paronomásia como "confrontação semântica de palavras similares do ponto de vista fônico, independentemente de toda conexão etimológica", e dá como exemplo título de artigo de jornal: "Força ou farsa multilateral?" E mais adiante, o mesmo autor (128) relata: "Uma moça costumava falar do 'horrendo Henrique'. 'Por que horrendo?' 'Porque eu o detesto.' 'Mas por que não *terrível, medonho, assustador, repelente?*' 'Não sei por que, mas horrendo lhe vai melhor.' Sem se dar conta, ela se aferrava ao recurso poético da paronomásia."

Na paronomásia, assim como na rima, ritmo e aliteração, vistos nos subitens anteriores, temos, em certo sentido, o que Jacobson (11:147) diz acontecer quando temos num texto a função estética: "As palavras são muitas vezes empregadas por elas mesmas, e não simplesmente como procedimento referencial." No caso da linguagem da propaganda, diríamos que há o jogo com os sons, com a parte auditiva ou o significante do signo, para chamar e prender a atenção do leitor ou ouvinte no referente ou conteúdo da mensagem, para, finalmente, levá-lo à ação. Somos, aliás, de opinião que a paronomásia é uma figura ou esquema fonológico particularmente forte ou interessante.

Alguns exemplos para testemunhar o que se acabou de dizer: "O importante é comparar antes de comprar." (propaganda das Lojas Americanas na TV); "Veja como o respeito ao leitor se transformou em respeito ao eleitor." (*Folha*, 5/12/89, p.C-12: propaganda da *Folha de S.Paulo* na época das eleições); "O Cartão Nacional Visa avisa: (...)." (*Folha*, 4/2/91, p.A-7); "Você já conhece o Lada pelo lado de fora. Agora venha conhecer pelo lado de dentro. Automobil, o revendedor Lada do seu lado." (*Folha*, 28/4/91, p.8-5), em que também é interessante a polissemia da palavra *lado*: *pelo lado de fora, pelo lado de dentro* e *do seu lado*. "Nota fiscal. Se você não pede o Paraná perde." (de *outdoor* do Governo Roberto Requião); "Saiu a lista dos provados e aprovados do Bauducco." (*Cláudia*, março de 1991, p.149): essa propaganda saiu logo depois ou simultaneamente a resultados dos exames vestibulares, sendo de ressaltar, também, que a paronomásia, como no primeiro exemplo acima (*comparar* e *comprar*) é formada por vocábulos etimologicamente associados.

Aspectos Prosódicos

Textos de propaganda escritos que não contêm signos apropriados para empregos enfáticos de palavras normalmente átonas merecem também destaque no presente estudo. São em certo sentido usos marginais ou excepcionais, pois se está à frente de textos escritos, produzidos para serem simplesmente lidos mas não pronunciados, em outras palavras, não são "scripts". Vejamos exemplos: "Não mude do Brasil: Ajude a mudar o Brasil. Mário Covas Presidente." (*Folha*, 4/7/89, p.A-6), em que a leitura dá ênfase necessariamente ao *do* (*do Brasil*) e ao *o* (*o Brasil*); "Veja o único homem que tem preconceito contra preto e branco." (*Folha*, 10/3/89, p.E-5: propaganda que convida o leitor para entrevista na TV com Ted Turner, colorizador de filmes preto e branco), em que a leitura do *e* (*preto e branco*) é necessariamente tônica.

ASPECTOS MORFOLÓGICOS

A morfologia tem como objeto o estudo da palavra: suas flexões, seus sufixos e a diferença entre estes e aqueles; os tipos de estrutura das palavras: se subordinação ou coordenação de elementos; a classificação das palavras; os tipos de formação de palavras: a derivação prefixal, sufixal e parassintética, a composição, a conversão, a elipse e os tipos especiais de formação de palavras: cruzamento vocabular, analogia, abreviação e reduplicação. Não temos espaço no presente trabalho para detalhamento teórico das nomenclaturas e classificações acima apresentadas. O leitor poderá obter, porém, maiores informações, entre outros, em Sandmann, *Formação de Palavras no Português Brasileiro Contemporâneo* e *Morfologia Geral*. Não apresentaremos, igualmente e pelas mesmas razões, exemplos da produtividade de todos os tipos de formação de palavras acima apresentados, porém tão só dos mais produtivos, antecipando que centramos nossa atenção nas formações mais criativas, de caráter estilístico ou em certo sentido à margem da produtividade da língua padrão. Nesse contexto podemos adiantar que sobressaem os cruzamentos vocabulares, as prefixações intensivas, as sufixações com os morfemas de grau e ressegmentações de palavras complexas. Modelos de produtividade lexical típicos da língua padrão, por exemplo, os prefixos *re-* e *sub-* e os sufixos *-ismo* e *-ista*, são inexpressivos em textos de propaganda, eis que os mesmos não privilegiam a variante coloquial.

O jogo com a palavra complexa

Palavra complexa é a palavra formada por mais de um morfema lexical, quer composta quer derivada, sendo que nos chamou à atenção o grande número de textos de propaganda em que se manifesta a consciência que o usuário tem dessa complexidade, dando destaque a ela ou usando-a em jogo que visa prender a atenção do destinatário da mensagem: "Consid – Construções préfabricadas e pós-garantidas." (propaganda apresentada no Jornal Estadual da TV Paranaense Canal 12), em que, além do neologismo *pós-garantidas*, há a destacar a antonímia dos prefixos *pré-* e *pós-*; "No mundo pós-moderno vence quem tem pós-graduação." (*Folha*, 30/11/89, p.C-3: propaganda do Centro de Estudos de Pós-Graduação – CEPG); "Se você quer saber se a União Soviética vai virar Desunião Soviética, assine a Folha." (*Folha*, 3/2/90, p.C-7); "Vendem-se casas impopulares para construir casas populares." (*Veja*, 18/4/90, p.28s.): texto técnico preferiria com certeza (*casas*) *não populares*, que nesse contexto seria o antônimo de (*casas*) *populares*, isto é, "simples, baratas" e não "famosas, conhecidas", mas em texto de propaganda o conotativo *impopulares* vai muito bem.

Prefixação

Para realçar a excelência de um produto ou de um serviço prestam-se, além dos sufixos de grau, os prefixos chamados intensivos: "Ela é multidata, multidia, multinoite, multieletrônica. Poupança Multidata ltaú." (*Folha*, 1/5/91, p.3-3), em que é difícil atribuir um sentido preciso a *multidia* e *multinoite*, o que não vem ao caso em texto publicitário – ressalte-se que em texto técnico não se toleraria esse tipo de formação; "Supercreditaço Ponto Frio Bonzão." (*Folha*, 1/9/91, p.3-3: no jornal está *Super-Creditaço*): *supercreditaço*, com prefixo intensivo e sufixo de aumento, é uma criação particularmente estranha, impossível em texto técnico. No seguinte texto, os prefixos *super-* e *mini-*, antônimos, são usados livremente: "Super na performance, mini no preço." (*Folha*, 25/9/91, p.6-1: propaganda de *Edisa Informática* e *Hewlett Packard*).

Sufixação

Embora os prefixos que indicam intensidade ou aumento sejam vários: *super-*, *hiper-*, *mega-*, *multi-*, *extra-*, *ultra-*, etc., as sufixações com os morfemas de grau são bem mais frequentes e pudemos registrar diversas formações que são em certo sentido marginais ou desvios – daremos exemplos mais abaixo. Ressaltemos aqui que o português é uma língua particularmente rica em morfemas de grau, quer aumentativos quer diminutivos, com a função de indicar objetivamente o grande e o pequeno ou com a função emotiva de indicar apreço ou desapreço e a que objetiva obter o abrandamento de uma situação desagradável ou importuna – como quando dizemos: *Um momentinho!* Em textos de propaganda o objetivo é naturalmente exaltar a excelência do bem de consumo ou do serviço.

Alguns exemplos: "Conquiste o seu carrão dirigindo um carrinho. Real, o seu super de todos os dias." (*outdoor* do *Supermercado Real*), em que temos também a abreviação expressiva *super* por *supermercado*; "Aproveitamos o comecinho desta revista para dizer que Sempre Livre* Mini protege você no comecinho. Sempre Livre* Mini. A medida certa para o comecinho e o finzinho." (*Cláudia*, janeiro de 1991, p.7): o diminutivo tem aqui função de indicar intensidade; "Por apenas cinquenta cruzeirinho, dois pacotão de mimosa." ouvi vendedor ambulante anunciar pelo alto-falante de caminhonete, em que o diminutivo tem a função de abrandar o preço e o aumentativo a de exaltar o volume do produto.

No português padrão o sufixo de superlativo *-íssimo* se une a adjetivos (*belíssimo*) e advérbios (*pertíssimo*). Em textos de propaganda encontramos substantivos com esse sufixo: "Todo dia é dia de ofertíssima Pão de Açúcar." (*Folha*, 29/8/90, p.A-9); "Herbíssimo, fragrância da natureza que Dana trouxe da Europa para você. Deo-colônia e Desodorante Roll-on em quatro opções ecológicas: (...)." (*Desfile*, dezembro de 1990, p.21). Como consequência de elipse, *carro zero-quilômetro* ficou *carro zero*, em que *zero* passa a ser adjetivo, sinônimo de *novo*. Mesmo assim, *carro zeríssimo*, ouvido em propaganda de televisão, é uma formação audaciosa.

O sufixo *-ésimo*, dos numerais ordinais (*vigésimo, centésimo*), assume função superlativa em *Chikésima*, nome de loja em Curitiba. O uso do sufixo de aumentativo *-ão*, que se une a substantivos masculinos, é frequentemente unido também a substantivos femininos: "Semanão dos preços mais baixos Carrefour." (*Folha*, 21/4/91, p.1-15). Placa em barraca na Praça Rui Barbosa, em Curitiba, falava em *ofertão*. Em texto da *Folha*, 3/12/91, p. 3-1, consta "feirão promocional de eletrodomésticos".

Sufixações muito criativas, geradoras de homônimos heterógrafos, oferecem-nos: "Jogar num esquema desse, só a seleção philipina." (*Veja*, 13/6/90, p.56s.), propaganda da *Philips*, por ocasião da copa de futebol da Itália, mais uma tática para chamar a atenção; "Antes do feriado de Nossa Senhora Aparecida, dê uma aparecida lá na Zacharias." (*Folha*, 6/10/89, p.E-1: propaganda da Rede Zacharias de Pneus).

Sufixações incomuns temos nas formações verbais *coppertonar*, usado pronominalmente ("Neste verão coppertonese.": de *outdoor*), *zipar* ("Zipy zipa tudo.": propaganda dos sacos plásticos *Zipy*, em *outdoor*) e *alarmar*, usado pronominalmente: "Alarme-se. Proteja sua loja ou indústria. Alarmes setorizados (...). Alarmes A II Artron Ltda." (propaganda em volante). No caso de *coppertonar* já estão consagrados os usos *passar* (Coppertone), *proteger-se* (com Coppertone), com Zipy usar-se-iam *guardar* (no Zipy), *proteger* (com Zipy), etc. e *alarmar(-se)* já está tomado semanticamente, a saber, "*assustar(-se)*", Do ponto de vista do português padrão e mesmo do ponto de vista da linguagem usual comum temos, sem dúvida, desvios nessas formações, mas elas têm hora e vez nos contextos em que são usadas.

Cruzamento Vocabular

O cruzamento vocabular é, no fundo, um tipo de composição, pois são unidas palavras, normalmente duas, para formar uma nova unidade, sendo que a diferença está em que no cruzamento vocabular os dois elementos ou ao menos um é reduzido em seu corpo fônico. E é justamente essa redução, que depende da escolha de quem forma a nova unidade, que é especialmente criativa. O *Aurélio* traz *bestarel*, cruzamento de *besta(ê) + bacharel*, e professor se referia com ironia a pesquisas escolares chamando-as de *pescópias*.

Nas anotações que fizemos de criações lexicais em textos de propaganda, os cruzamentos vocabulares competem em produtividade com as formações com sufixos de grau. Alguns exemplos para ilustrar a força chamativa dessas formações: "Exercicle-se. Cicles Jaime." (de adesivo em carro: *Cicles Jaime* é uma loja de bicicletas em Curitiba); "A máquina de citiplicar citiplica em LFT. A Carteira Citibank de Renda Fixa concentra suas aplicações em LFT. Faça sua aplicação e citiplique o seu dinheiro com a segurança do nome Citibank." (*Folha*, 22/1/89, p.B-1), em que merece destaque a sequência *e citiplique o seu dinheiro*. Firma de Curitiba chama-se "Curitubo Desentupidora". Particularmente interessantes são os cruzamentos vocabulares *showtiã* e *burritsia* dos textos: "Só existe uma coisa mais bonita que um sutiã Triumph. Outro sutiã Triumph. Triumph, o showtiã." (*Desfile*, setembro de 1990, p.10ss.); "A 'intelligentsia' brasileira finge que não lê 'O Globo'. O que é uma tremenda 'burritsia'." (*Veja*, 13/7/88 , p.24). Em *Laminaço* – Comércio de Lâminas e Cabos de Aço Ltda., finalmente, firma de Curitiba, *laminaço* é cruzamento de *lâmina + aço*, mas sugere também a sufixação *lâmina + -aço*, aumentativo, semelhante a *mulheraço*.

Ressegmentação e Desopacificação

Apresentaremos aqui, juntos, porque apresentam semelhança, jogos criativos com unidades lexicais mais longas ou complexas, que chamamos de ressegmentação ou desopacificação. Na ressegmentação – o prefixo *re-*, como em *remodelar, repensar* e *reconsiderar*, une aqui o significado "de novo" com o de "diferentemente" – é feita uma segmentação diferente de uma palavra, sem substituição ou acréscimo. É o caso, por exemplo, de nome de bar em Curitiba: "Bar Baridade" ou de nome de peça de teatro apresentada no Teatro Guaíra: "A Voraz Cidade de Paris" ou de *outdoor* que comemorava, em março de 1987, o aniversário de Curitiba: "Felizcidade". O nome indígena *parati*, nome de carro da Volkswagen e de supermercados de Curitiba, prestou-se a (res)segmentações, com simultânea desopacificação: "Morumbi Shopping é Parati, mamãe." (*Folha*, 9/5/91, p.4-1: do texto, publicado na época do Dia das Mães, fazia parte a imagem do carro Parati, que era sorteado); "Parati, do jeito que você gosta." (propaganda do *Supermercado Parati*). A CUT do Paraná convocava para ato público (7/4/88) mediante folheto em que apresentava nó de corda e a frase "Acorda, trabalhador.", com a expressão velada da ideia: "Se você não acordar, trabalhador, a corda o espera."

Embora não seja texto de propaganda, registramos, pelo seu lado ilustrativo do *como* se pode fazer jogo com a ressegmentação, pichação colhida de muro de rua de Curitiba:

> "Amar é ter na mente
> éter na mente
> eternamente."

Algumas palavras mais longas, opacas ou um tanto opacas, são modificadas parcialmente para se tornarem transparentes ou adquirirem nova transparência. A esse jogo criativo damos o nome de *desopacificação*. Acima já tivemos o exemplo da palavra tupi *parati*, nome de peixe, que passou a ser lido *para ti*. Outros exemplos: "Bijoias. II Salão de Bijuterias e Joias." (*Marie Claire*, maio de 1991, p.63); "Bebemore o centenário da Antárctica." (de *outdoor*). Bar, no bairro do Bacacheri, em Curitiba, tem o nome "Bar Kachery". Aliás, no mesmo bairro funcionou restaurante com o nome "Vaca Cheri", que, segundo informações obtidas, não teve êxito, porque os moradores não teriam gostado do trocadilho. Chapa para eleições de centro acadêmico da UFPR chamava-se "Revolusim" e cartaz na mesma universidade convidava para palestra sobre alfabetização, destacando, mediante outra cor, a parte final *ação* da palavra *alfabetização*, o que é também uma segmentação diferente. Aliás, esse jogo que chamamos de "desopacificação" é também um cruzamento vocabular, formação lexical vista no subitem anterior.

ASPECTOS SINTÁTICOS

A sintaxe é a parte da gramática que estuda a combinação e função da palavra no sintagma, deste na oração, bem como a combinação e função das orações, no período, quando este é composto. Daremos destaque, a seguir, a aspectos sintáticos que achamos típicos ou característicos da linguagem da propaganda, em outros termos, aspectos especialmente expressivos ou estilísticos, sem dizer com isso que sejam sempre exclusivos dela.

Simplicidade Estrutural

Um dos aspectos que possivelmente mais distingue os textos de propaganda é o que chamamos de simplicidade estrutural, principalmente a parte primeira dos textos de propaganda, chamada manchete, ficando muitos elementos subentendidos ou recuperáveis apenas pelo contexto. Em "Flat pronto, rentabilidade imediata." (*Folha*, 25/11/89, p.C-1), por exemplo, não temos verbo nem conectivo. O mesmo se pode dizer de: "Pequenos imóveis, grandes negócios. Lopes Consultoria de Imóveis." (*Folha*, 31/8/91, p.2-3).

É comum o nome comercial ou o nome do produto estar no começo do texto publicitário sem elementos linguísticos coesivos: "Arapuã. Vem que tem." (*Folha*, 28/1/91, p.A-4s.); "Íris Presidente. É hora de plantar confiança." (*Folha*, 4/4/89, p.A-6); "Boqueirão? Pegue o Ligeirinho e chegue rapidinho." (propaganda do ônibus novo de Curitiba com estações-tubos); "Ferramentas elétricas Bosch. Fortes, ágeis, potentes e altamente produtivas." (*Folha*, 15/8/91, p.2-11).

Compare-se, finalmente, período composto sem conectivo: "Pensou cerveja, pediu Brahma." (cartaz em loja de revendedor de produtos *Brahma*) com período com conectivo: "Se o seu pai não merece uma assinatura da TVA, responda: onde foi que ele errou?" (*Folha*, 8/8/91, p.2-9). Na primeira chama a atenção o laconismo, a "pouca conversa". Na outra destaca-se a ausência de rodeios ou circunlóquios da interrogação e do imperativo.

Topicalização

Sem entrar em maiores detalhes, pode-se dizer que a ordem das palavras na frase conhece um tipo mais geral; em outras palavras, ela é não marcada, quando não se quer dar maior ênfase a este ou àquele segmento. O lugar normal do objeto direto, por exemplo, é depois do verbo. Quando isso não acontece e ele vem para diante do verbo, temos a figura chamada topicalização. Naturalmente ele ganha destaque ou ênfase. Vejamos exemplos: "Lotopar, a nossa loto. Seninha acumulada faça aqui." (em casa lotérica em Curitiba): *seninha* é o objeto direto topicalizado; "O Cartão Bamerindus você usa em qualquer lugar (...)." (revista *Afinal*, nº 238, p.3): a ordem não marcada seria: Você usa o Cartão Bamerindus em qualquer lugar; "Mãe só tem uma. Bebedermis também." (*Cláudia*, maio de 1990, p.21); "Moda inverno a gente encontra no Mueller." (de *outdoor*). Topicalização do objeto indireto temos em: "Na MS a gente confia." (*Folha*, 3/10/90, p.G-14). Vinda para a frente de toda uma oração subordinada predicativa apresenta-nos o texto: "Tão importante quanto ter um fax, é todo mundo saber que você tem um fax." (*outdoor* da Telefax).

Coordenação

Quando temos séries mais longas de unidades coordenadas, é normal a conjunção vir apenas diante do último elemento, sendo que tanto a ausência desse conectivo como a repetição excessiva de conectivos geram as figuras sintáticas do assíndeto e polissíndeto, respectivamente. Exemplo de coordenação normal ou não marcada: "Esta marca significa segurança, eficiência, agilidade, tradição, profissionalismo, tranquilidade, 54 anos de experiência e atualização constante no mercado imobiliário." (*Folha*, 25/11/89, p.A-7: propaganda da Lopes Consultoria de Imóveis), em que deve chamar a atenção do destinatário, por outro lado, o grande volume de qualidades da marca anunciada. Assíndeto temos em: "Raspou, combinou, ganhou." (propaganda da Raspadinha, em casa lotérica) e "Quem não lê, mal ouve, mal fala, mal vê." (faixa em filial da Livraria Ghignone, em Curitiba). Em "Raspou, combinou, ganhou.", assim como na propaganda mais antiga que memorizamos, "Pneu carecou, HM trocou.", a ausência de conectivo dá uma ideia de simplicidade, facilidade ou automaticidade, o que é uma qualidade do produto ou serviço.

Polissíndeto de expressividade extraordinária oferece-nos "BFB. Banco Francês e Brasileiro e Japonês e Inglês e Alemão e Suíço e." (*Veja*, 5/12/90, p.82s.) Aliás, a repetição do último *e* é uma novidade especial, e graficamente ficariam bem os três pontos das reticências: "(...) *e Suíço e...*" Com essa suspensão da enumeração diz-se, concisamente, que o banco é internacional, multinacional, "pan-nacional" ou "oninacional".

Paralelismo

Por paralelismo entendemos um esquema formal em que temos a repetição próxima da mesma estrutura sintática ou de sequência de unidades sintáticas: "DN Turismo. Você leva a vida. A gente leva Você." (*Folha*, 29/9/90, A-6): o paralelismo está nas frases "Você leva a vida." e "A gente leva você.", isto é: sujeito – predicado – objeto direto, nas duas frases. Representando a figura do paralelismo em letras, teríamos a:b – a:b, a:b:c – a:b:c ou sequências repetidas mais longas ainda. Qual o efeito comunicativo dessa figura? Empatia, identificação, automaticidade, simplicidade. É possível que nem todos os leitores sintam a mesma coisa, o que não deixa de ser normal.

Outros exemplos: "Descontraído o suficiente para sair do padrão. Inteligente o bastante para seguir a tendência." (*Cláudia*, abril de 1990, p.12s.: propaganda da *Ted Lapidus*, roupa masculina): o leitor há de ter observado que, postas lado a lado, as duas partes desse texto ficam em perfeito paralelismo; "Novos voos, novos horários, nova Vasp." (*Folha*, 22/4/91, p.2-3); "Limpeza com gosto de sobremesa. Higiene com sabor de tutti-frutti." (*Desfile*, julho de 1990, p.61). No texto seguinte, propaganda da Fernandez Mera Negócios Imobiliários Ltda. (*Folha*, 29/10/88, p.A-10): "Melhor que viver sonhando é sonhar vivendo.", *viver sonhando* e *sonhar vivendo* formam um paralelismo, se considerarmos a sequência que se repete infinitivo-gerúndio, aspecto mais superficial ou morfológico simplesmente. Já, sintaticamente, não há a mesma relação, pois em *viver sonhando*, *viver* é verbo auxiliar modal e em *sonhar vivendo*, *sonhar* não é auxiliar. Na verdade, em *sonhar vivendo*, a relação é adversativa: *sonhar*, mas *vivendo*, ou aditiva: *sonhar* e *vivendo* (= e viver). Se desconsiderarmos diferenças sintáticas, semânticas e morfológicas, podemos também dizer que *viver sonhando* e *sonhar vivendo* formam uma simetria (a:b – b:a), figura que será vista no subitem seguinte.

Simetria

A simetria é a figura em que os mesmos elementos se posicionam como em espelho, de cada lado de um ponto central comum: a:b:c – c:b:a. Definindo a antimetábole, sinônima do que preferimos chamar de simetria, o *Aurélio* diz: "Figura que consiste em repetir, numa frase, palavras da anterior, mas em ordem diversa e com acepções diferentes." e dá o exemplo: *Glutão, não come para viver: vive para comer*, em que *viver* não tem nas duas ocorrências exatamente a mesma acepção. Embora, como veremos adiante, as palavras empregadas em ordem inversa tenham também acepções diferentes, isso não é tão claro em: "Classifolha. O jornal que mais vende tem os classificados que vendem mais." (*Folha*, 15/11/91, p.2-3).

Em termos de funções da linguagem, a simetria se enquadra na função estética, concentrada no *como* a mensagem é apresentada, jogando com os elementos do código, sendo que o objetivo mor é prender a atenção do leitor por meio desse jogo que, no fundo, também visa causar prazer. Dos muitos exemplos interessantes que pudemos colher em textos de propaganda vão aqui alguns: "Depois de assistir aos melhores momentos da Seleção, não deixe de ver a seleção dos melhores momentos." (*Veja*, 18/4/90, p.19: propaganda da revista *Placar*); "Na fila única, não é você que respeita a fila. A fila é que respeita você." (em agência do Unibanco em Curitiba); "Do Rio Grande ao Grande Rio." (propaganda de Hermes Macedo em *outdoor*); "O que se leva da vida é a vida que se leva." (*Folha*, 14/7/91, p.5-9: programa da Secretaria da Cultura de São Paulo em homenagem a Chiquinho Brandão); "Classificados do *Globo*. Um lugar para cada coisa, cada coisa em seu lugar." (*O Globo*, 16/3/89, 1º Caderno, p.14): este texto nos faz ver que também podemos falar em simetria mesmo quando os segmentos que se repetem em espelho não são cem por cento iguais.

Combinações Estilísticas

Estudaremos neste subitem alguns tipos de combinações de unidades linguísticas que fogem do que é normalmente praticado pelos usuários da língua portuguesa, especialmente na modalidade dita padrão. Como essas combinações são em certo sentido desvios da norma, elas ostentam especial força comunicativa, com o objetivo, principalmente, de prender a atenção do destinatário. É importante, aliás, essa intenção comunicativa, pois é ela que justifica o que, muitas vezes, é rotulado como desvio. Diferente é o erro pelo erro, o erro gratuito, como o seguinte: "Jornal. O canal de vendas que o varejo mais se liga." (*Folha*, 5/9/91, p.1-4: propaganda da própria *Folha de S.Paulo*, em que falta a preposição *a* antes do pronome *que*: O canal de vendas *a que*...). Apresentaremos, neste contexto, regências e coordenações estranhas, o uso de adjuntos adverbiais e adnominais singulares, desobediências a restrições de seleção e algumas combinações que se tornaram possíveis porque apoiadas em base metonímica ou metafórica.

Outdoor exposto proximamente ao Dia dos Finados dizia: "Pior do que pensar na morte é não pensar sobre ela." (propaganda do Cemitério Parque Iguaçu), em que a 2ª regência de *pensar* (*pensar sobre*) não é de uso, ao menos não registrado no *Aurélio*, mas ganha expressividade nesse contexto, opondo-se a *pensar em*.

A conjunção *ou*, chamada coordenativa alternativa, une unidades que indicam opções diferentes. Não é o que se verifica em: "Citiconta cruzeiros. Agora é render ou render." (*Veja*, 18/4/90, p.66s.: propaganda do *Citibank*); "Cosmopolitan Nova. Trabalho! Uma ajuda para você, nesta hora em que a ordem é produzir ou produzir." (*Nova*, junho de 1990, p.31). Coordenações estranhas apresentam: "Grátis. Mas só para pessoas físicas e jurídicas." (*Veja*, 13/2/91, p.69: propaganda do *CESP – Clube de Criação de São Paulo*), em que o *só*, que exclui, se opõe à conjunção *e*, que adiciona; "A VR faz paletós, camisas, gravatas, calças e ciúmes." (*Folha*, 10/6/91, p.5-1: propaganda da *VR Alfaiates*), em que é incomum ou inesperada a adição de *ciúmes*, um sentimento, com palavras cujos referentes são objetos concretos, partes de indumentária masculina.

As palavras costumam apresentar restrições quanto à combinabilidade com outras: é o que em linguística se chama restrição de seleção. A desobediência a essas restrições pode ter especial força estilística: "A cozinha da vizinha é sempre mais bonita. Até você comprar a nova cozinha Itatiaia no Ponto Frio. Ponto Frio. Especializado em você." (*Folha*, 23/4/89, p.A-8), que apresenta o incomum *"especializado em você"*; "Somente as empresas que respeitam o consumidor serão por ele respeitadas. Revogam-se as empresas em contrário." (*Desfile*, março de 1991, p.22s.: propaganda da *Sadia*).

Combinações estranhas de adjuntos adverbiais com adjetivos ou advérbios apresentam-nos os textos: "Exclusivo. Muito elegante. Diferente de tudo o que você já viu. Capri. Definitivamente fino." (*Desfile*, novembro de 1989, p.161: propaganda da Souza Cruz); "Carrefour Pinhais. Totalmente demais." (de *outdoor*).

Um texto como: "A felicidade custa pouco e pode ser financiada." (*Folha*, 2/12/90, p.I-8: propaganda de *Residencial Paço das Flores*) só é possível por causa da transferência de base metonímica, isto é, da causa, a residência, para o efeito que ela produz, a felicidade. Transferência temos também em: "Ricard – A Revolução Francesa que toda Curitiba vai tomar." (*Ricard* é nome de vinho). Metáfora interessante apresenta-nos: "As ações da Gurgel Motores já estão rendendo os primeiros filhotes." (*Folha*, 26/11/88, p.B-3).

ASPECTOS SEMÂNTICOS

Se a clareza, o significar ou dar a entender apenas uma coisa é um ideal primeiro da linguagem técnica ou científica – de uma petição jurídica ou de um requerimento, por exemplo –, o mesmo não é um desiderato da linguagem poética ou da linguagem da propaganda. Em outros termos, se um texto técnico tem como ideal a monossemia, ser monossêmico, o texto de propaganda dá-se muito bem ou atinge muito bem sua finalidade, se contiver polissemia, se for polissêmico, se explorar a homonímia ou se contiver ambiguidades. A propósito, pensamento repetido por Jacobson (11: 150), válido também para a linguagem da propaganda: "As maquinações da ambiguidade estão nas raízes mesmas da poesia." E logo adiante: "A supremacia da função poética sobre a função referencial não oblitera a referência, mas torna-a ambígua."

Poder-se-ia perguntar: Qual o sentido dessa duplicidade de sentido? E a resposta não parece difícil. É fazer um jogo com as palavras, é entreter o destinatário, desafiá-lo a entender a mensagem, prender sua atenção, enfim, e, em última análise, fazê-lo consumir o produto ou servir-se de um serviço. É esse o caso, por exemplo, do verbo *adiantar* no texto: "Relógio que atrasa não adianta. (...). Classifolha. Pontualmente toda quinta, sábado e domingo." (*Folha*, 13/9/91, p.1-9: propaganda do caderno de classificados da *Folha de S.Paulo*). Numa primeira leitura, *adiantar*, como antônimo de *atrasar*, nos daria o óbvio, assim como teríamos uma verdade, um fato óbvio, se disséssemos: *Relógio que é ruim não é bom*. Já numa segunda leitura, a desejada pelo emissor, *adiantar* é sinônimo de *servir*, *prestar*, *ser bom*. Esse jogo de duas leituras diverte, prende a atenção do leitor, desperta a memória e ajuda a gravar a mensagem.

No Dia das Mães de 1989, a Bradesco Seguros publicou na *Gazeta* o texto: "Hoje é dia de uma outra companhia que te segurou durante muito tempo.", texto complementado pela figura de mãe com a criança ao colo. É claro que o contexto não deixa dúvidas de que se está falando das mães, mas não deixa de sugerir também que a companhia de seguros, no caso a Bradesco Seguros, nos dá a mesma sensação de segurança que a companhia da mãe dá ao filho. Com a polissemia dos textos que acabamos de analisar compare-se a monossemia do art. 25 da Constituição Federal em vigor: "Os Estados organizam-se e regem-se pelas Constituições e leis que adotarem, observados os princípios desta Constituição." Uma ideia da diferença entre texto técnico e texto publicitário também temos na formulação do Teorema de Pitágoras: "O quadrado da hipotenusa é igual à soma do quadrado dos catetos.", o que também se pode representar por meio de outros símbolos: $h^2 = a^2 + b^2$.

Polissemia e Homonímia

Quando a um significante correspondem vários significados aparentados, falamos em polissemia. É o caso, por exemplo, de *verde*, que pode referir-se à cor no espectro entre o azul e o amarelo, que pode significar "não maduro, não seco, inexperiente". Já a homonímia é a figura em que a um significante correspondem mais significados não aparentados. Temos uma homonímia em *manga* "cobertura do braço" e *manga* "fruta".

Os exemplos apresentados parecem não apresentar dúvidas. Mas nem sempre é assim. Embora tenham a mesma origem e pertençam à mesma classe de palavras, não é simples ao usuário em geral da língua portuguesa ver que *cálculo*, de *cálculo matemático* e *cálculo renal*, têm a mesma origem e que é possível reconstituir os caminhos da deriva semântica, que, do latim *calculu* "pedrinha", levaram às acepções modernas – um caso, portanto, de polissemia. Tendo em vista essa dificuldade e o fato de tanto a polissemia como a homonímia darem origem a textos de propaganda de duplo sentido ou ambíguos, trataremos as duas figuras no mesmo subitem.

Importante é distinguir a polissemia ou homonímia lexical da sintática. Naquela apenas uma unidade contém mais significados. Na polissemia ou homonímia sintática, unidades superiores, o sintagma ou a frase, são ambíguos. Exemplo de polissemia lexical oferece-nos: "Venha inaugurar o primeiro voo regular da Vasp para Buenos Aires. E descubra que ele não é só regular. Ele é ótimo." (*Folha*, 27/4/91, p.2-5), texto que faz jogo com acepções do adjetivo *regular*. Em livrinho do Bamerindus colhemos: "Isto é da sua conta. Tudo que você precisa saber sobre o seu banco.", em que toda frase "Isso é da sua conta." é ambígua.

Outros exemplos de polissemias e homonímias: "Qualquer uma pode pedir qualquer tecido. Mas você não é qualquer uma." (*Desfile*, janeiro de 1991, p.105: propaganda de *Tecidos Braspérola Moda*); "Eu confio em O.b.* até debaixo d'água." (*Desfile*, janeiro de 1991, p.19); "Dedetizadora Veneza. E você não encontra mais barata." (de *outdoor*): em *barata* "inseto" e *barata*, feminino do adjetivo *barato* "não caro", temos um claro caso de homonímia; "Nem todo carro zero é um carro novo. Este é um carro novo." (propaganda da *Fiat* em *outdoor*), em que *novo* significa "de modelo novo", mas lembra *novo* no sentido de "zero-quilômetro". "Quando o Brasil descobriu Portugal, o Pão de Açúcar já estava lá há 20 anos." (*Folha*, 2/5/90, p.A-5: propaganda do supermercado *Pão de Açúcar*), em que temos uma polissemia em *descobrir* e uma homonímia em *Pão de Açúcar*.

Denotação e Conotação

Quando um signo linguístico se refere a um objeto ou a qualidades de um objeto de modo objetivo, falamos em denotação ou em palavra denotativa: *homem grande, casa bonita.* Se acrescentarmos aspectos subjetivos, se envolvermos a palavra de emocionalidade, temos conotação ou palavra conotativa: *grande homem, bonita casa.* Também temos denotação em *Semana Santa,* sequência de importantes datas do cristianismo. O mesmo não se dirá de: "Santa Semana. Aproveite para pagar suas promessas de amor. Studio A Motel." (*Folha,* 29/3/91, p.5-1). Como se vê nos primeiros dois exemplos e neste, o adjetivo colocado depois do substantivo é neutro e não marcado. Colocado antes do substantivo, ele não é neutro ou é marcado, isto é, presta-se à manifestação de aspectos emotivos.

Outros exemplos: "O.b.* Meu pequeno grande absorvente." (*Nova,* outubro de 1990, p.52s.): o texto, que não transcrevemos todo, também fala em *absorventes grandes* e *grande absorvente*; "Inverno Federal. Campanha do agasalho UFPR. Asilo São Vicente (...).": cartaz exposto em dependências da UFPR falava em inverno federal, em que a palavra *federal* certamente é usada na sua acepção de "grande, incomum"; "Prefeitura Municipal de Curitiba. O lixo que não é lixo.", texto escrito em caminhões que recolhem "o lixo que não é lixo", isto é, o lixo reciclável. Aliás, em outras propagandas da Prefeitura de Curitiba se fala: "Lixo que não é lixo não vai pro lixo.", em que a palavra lixo ocorre em três acepções.

Antonímia

Em textos de propaganda é frequente defrontarmo-nos com o jogo da antonímia, isto é, com palavras ou unidades linguísticas que têm como referentes ideias opostas. Em texto de caminhonete de vendedor ambulante ouvimos: "Por apenas 50 cruzeirinho, dois pacotão de mimosa.", em que se defrontam os morfemas de diminutivo e de aumentativo, e, como é de esperar, por pouco dinheiro é oferecido um produto volumoso. Essa ideia, aliás, se repete em vários textos, podendo-se até falar em chavão: "o mais por menos: Baby-Beef Paes Mendonça. Um prazer a mais, por

20% a menos." (*Folha*, 3/4/91, p.2-1); "Breve: lojas do Norte Shopping e Madureira Shopping Rio, onde você tem mais por menos." (*O Globo*, 12/3/89, p.15). Ligeiramente modificado apresenta-se o chavão em: "Materiais Hidráulicos. As melhores marcas com os melhores preços: Tigre, Akros, Eluma," (de *outdoor*). Maior criatividade oferecem-nos os textos: "Fotóptica é soft no atendimento e não é hard no pagamento." (*Folha*, 1/5/91, p.6-3), em que temos também rima e ritmo; "Guerra é paz na estrada" (*Guerra* é nome de empresa de transportes), com destaque ao jogo homonímico: *Guerra* = nome próprio e *guerra* = ausência de paz; "Os novos leves Mercedes Benz que pegam no pesado." (de *outdoor*); "O Carrefour tem a melhor entrada para a sua sobremesa." (*Folha*, 14/11/88, p.A-9): nesse texto merece ser apontado o jogo polissêmico da palavra *entrada*, que aqui é a parte inicial de uma refeição; "Acredite. Ainda existe muita coisa séria neste país. Mesbla. O brinquedo levado a sério." (*Folha*, 8/4/89, p.E-3). Jogo de certo modo antonímico temos também em: "IPTU 91. A Prefeitura deixa por menos para Curitiba ser demais.", em que temos o uso de *demais* como adjetivo, significando "excelente, ótimo, insuperável", fato da gíria moderna.

Combinações Estilísticas

No verbete *restrições de seleção*, Bussmann (3) fala de "limitações de compatibilidade entre elementos lexicais, que bloqueiam a formação de frases não gramaticais do tipo *A pedra pensa*." E continua: "Se essas limitações são de natureza sintática ou semântica levou a divergências nas pesquisas. Violações de restrições de seleção podem ser utilizadas como recursos artísticos para o uso poético da língua." Combinações forçadas ou estranhas ao uso comum são frequentes também na linguagem da propaganda e a questão de se essas limitações à combinabilidade de elementos são de natureza semântica ou sintática não vamos aprofundar aqui. Possivelmente se possa adotar uma posição conciliatória e dizer que são de natureza semântico-sintática, isto é, semântica e sintática, ou primeiro semântica e depois sintática.

Já abordamos esse problema da combinação de elementos na frase e trouxemos diversos exemplos. Alguns aspectos mais e exemplos serão abordados aqui. Na propaganda: "Credicard. Valid only in Brazil." (*Cláudia*, junho de 1989, p.58s.), dizendo-se que o *Credicard* era válido apenas no Brasil, queria-se, sem dúvida, afirmar ou exaltar sua validade em todo o território nacional. Como há outros países, dizer "só no Brasil" não é em si estranho. Estranho é, no entanto, o texto publicitário seguinte, muito semelhante ao anterior: "Valid only in the world. World Card Bradesco." (*Folha*, 16/4/91, p.I-5). Dizer "válido só no mundo" é um flagrante exagero, é uma contradição combinar *só* com *no mundo* a não ser que se admita que cartões de crédito podem ter validade em outros mundos ou planetas. Mas não é essa a questão: o objetivo é chocar o leitor, fazê-lo ocupar-se com o texto e, naturalmente, dizer que o cartão World Card Bradesco tem validade internacional.

Veja-se a combinação estranha, mas muito persuasiva no final do texto: "Siga as instruções e obtenha um desempenho perfeito de Tamy, o pote hermeticamente perfeito." Veja-se a surpresa formidável que nos prepara: "Entre o conforto de uma casa e a segurança de um apartamento, fique com os dois." (*Folha*, 21/4/91, p.3-13: propaganda da *Lopes Consultoria de Imóveis*). O mesmo se pode dizer de: "Grátis. Mas só para pessoas físicas e jurídicas." (Veja, 13/2/91, p.69: propaganda do *Clube de Criação de São Paulo – CCSP*), em que o *só* restringe ou limita e a conjunção *e* faz o oposto.

Contradição encontramos em: "Telex Escriba 2021. Primeiro e Único." (*Folha*, 19/10/88, p.B-1), Uma leitura especial exige: "Fale com o gerente e aprenda a fazer a conta onde 2 e 2 são 5." (de agência do Unibanco, em Curitiba): o inesperado da soma sugere o lucro acima do que se espera.

Violações de restrição de seleção apresentam-nos: "No ar, o telejornal que vai almoçar os outros." (*Desfile*, junho de 1990, p. 211: propaganda do jornal da *Manchete*, edição da tarde);

"Preencha esta calcinha e ganhe um marido completamente novo." (*Elle*, abril de 1991, capa: propaganda da *Valisère*); "Plante esta ideia. Plante Cargill." (*Jornal Estadual*, da *TV Paranaense Canal 12*).

A metáfora e a metonímia, finalmente, dão sentido às combinações um tanto estranhas seguintes: "Destampe essa emoção." (propaganda da Yoplait em *outdoor*); "Uma ideia redondinha para você assinar o melhor jornal do país. Você ganha um CD com músicas de Jorge Ben Jor (...)." (*Folha*, 6/9/91, p.1-10).

ASPECTOS (CON)TEXTUAIS

Por diversas vezes utilizamos no presente trabalho as expressões "texto de propaganda" ou "texto publicitário". Abordamos nas seções anteriores aspectos fonológicos, (orto)gráficos, morfológicos, sintáticos e semânticos que caracterizam o texto de propaganda ou lhe emprestam traços expressivos ou comunicacionais especiais. Ao se fazer Linguística de Texto, quer-se examinar o que caracteriza o texto, o que faz de uma sequência de palavras ou frases um texto, em outros termos, o que lhe dá textualidade, isto é, unidade, o que faz dessa sequência um todo coeso e coerente. Não se vai aqui abordar, naturalmente, o tema do texto linguístico com maior amplitude ou profundidade. Vai-se, apenas, mostrar alguns aspectos que caracterizam o texto publicitário e lhe emprestam tipicidade ou criatividade.

Falando da estrutura do texto publicitário, Leech (14:82) diz que ele se compõe basicamente de *headline, body copy* e *signature line*, o que podemos traduzir por *título, texto* e *assinatura*. No *título*, em regra uma frase, nem sempre completa, interpela-se o destinatário, põe-se diante dele um fato ou situação, usando naturalmente de brevidade. O *texto* entra em maiores detalhes a respeito do assunto ou tema apresentado no título, faz considerações diversas e mais generalizadas. Na *assinatura* apresenta-se, em geral, o nome do produto ou serviço, a marca, como a solução para o que se considerou nas partes anteriores.

Um exemplo do que se acabou de expor teríamos na propaganda do *Classifolha*, texto que oferece um serviço:

- *Título:* "Relógio que atrasa não adianta."
- *Texto:* "Dizer que o relógio atrasou não adianta. Se você estiver procurando emprego, chegue no horário marcado. Isso é bom para a empresa, pois facilita a organização dos horários e é bom para você, que demonstrará pontualidade, um dos pontos primordiais para a sua futura contratação."
- *Assinatura:* "Classifolha. Pontualmente toda quinta, sábado e domingo." (*Folha*, 13/9/91, p.1-9).

Exemplo de propaganda não comercial temos em:

- *Título:* "Acorda, trabalhador." (segue figura de nó de corda).
- *Texto:* "Passeata e ato público – 5ª-feira – dia 7.4.88. Concentração na Praça Santos Andrade às 18 h, seguida de passeata até a Praça Rui Barbosa, onde haverá um ato público às 18 h 30 min."
- *Assinatura:* "CUT Paraná – Central Única dos Trabalhadores."

O leitor deve, naturalmente, ter em mente que esses textos linguísticos são parte, em geral, de textos ou contextos maiores, em que se somam imagens e, às vezes, sons ao texto linguístico. Título, texto e assinatura de propaganda (*Folha*, 5/9/91, p.5-9) da revista *Manequim*, por exemplo, encimam e ladeiam figura de modelo reproduzida em espelho e que interpela o mesmo: "Espelho, espelho meu, veja essa blusa como se usa. E como esse tomara que caia combina com a minha saia.", título do texto.

Propaganda na televisão mostrava homem de físico vigoroso e bem avantajado chamando seguidamente pelo nome seu cachorrinho, surpreendentemente chamado Átila, que late satisfeito para o dono. Enquanto isso, uma voz grave diz: "Esta é a segurança de quem tem seguro residencial Itaú." O verdadeiro sentido da última frase só se depreende do contexto todo, isto é, quem tem esse seguro Itaú não precisa de nenhuma outra forma de segurança. Em outros termos, um homem daquele porte não precisa da segurança de um cachorrinho.

Na propaganda: "Troque a velha da sua mãe!!! Afinal, ela não merece?" (*Folha*, 15/5/91, p.1-7), só o contexto desambiguiza o sentido porque aparece aparelho velho de televisão: a propaganda é da Philips. Texto linguístico e imagem também se completam em: "Para quem não acreditava na tecnologia nacional, a Itautec dá uma resposta deste tamanho." (*Folha*, 20/10/88, p.A-6s.: embaixo da frase há a figura de computador grande). Aspecto comum desses textos na mídia impressa é, também, a variedade de tamanho e forma das letras, com destaque ao título e à assinatura, principalmente à marca.

Em *outdoors*, por outro lado, que por natureza não permitem expansão com palavras ou frases, em geral temos apenas o título e nele embutido o nome comercial: "No Boi Gordo a carne não é fraca." (*Boi Gordo* é nome de restaurante de Curitiba); "Joinville. Sinta na carne o exagero do Ataliba." (*Ataliba* é nome de restaurante). Neste outro *outdoor* temos título e assinatura: "Quem disse que o problema dos aposentados não tem remédio? Drogamed – Drogaria e Perfumaria." No texto publicitário seguinte, finalmente, temos só a parte chamada *body copy*:

> A economia Carrefour é a primeira da classe. Em matéria de economia, o Carrefour é mestre. Pra começar, a matemática lá não tem mistério. É a maior variedade em material escolar pelo menor preço. E essa é a fórmula que todo papai tem na ponta do lápis. Pra falar em português bem claro, não faça experiência por aí. A geografia da volta às aulas tem um lugar certo: o Carrefour. Aliás, essa história você já conhece faz tempo. (*Folha*, 12/2/89, p.A-11).

Nessa propaganda, na verdade, as outras partes, título e assinatura, estão de certa forma embutidas no *body copy*. Apenas não se fez uma separação ou demarcação mais explícita.

No início deste subitem fez-se referência à coesão e coerência textuais. A coesão manifesta-se por conectivos, pronomes e advérbios entre outros, sendo pronomes e advérbios também conhecidos como elementos dêiticos e anafóricos. Todos esses elementos estruturam o texto, amarram e entrelaçam as diferentes unidades ou partes para criar a textualidade ou unidade. Mas ainda é uma unidade mais superficial. Unidade ou conjunto mais profundos vêm da coerência do texto, entendida como o nexo ou a lógica que amarra as várias partes, o início, os argumentos e a conclusão. Nesse sentido já foi dito no capítulo 5, item "Aspectos Sintáticos" que nos textos de propaganda faltam muitas vezes os conectivos, o que não quer dizer que não haja conexão e coerência. Compare o texto "Venha, veja e viva." (*Desfile*, fevereiro de 1990, p.33: propaganda do *Hotel Primus*) com o seguinte: "Não durma no volante. Durma no colchão Castor. Para viajar use cinto. Para descansar use colchão Castor." (placas na BR 116. A semântica nos diz que os conectivos que unem as frases são os seguintes: Não durma no volante, *mas* (coordenativo adversativo) durma no colchão Castor e Para viajar use cinto *e* (coordenativo aditivo) para descansar use colchão Castor. Na seguinte propaganda se pode pôr entre os dois períodos o conectivo conclusivo *por isso*: "Saúde é um direito de todos. Faça um seguro-saúde Golden Cross." (*Folha*, 28/4/91, p.4-5).

Causam estranhamento do ponto de vista da coesão e da coerência, por frustrarem expectativa criada pela parte inicial do texto, publicidades como as seguintes: "Dê um Citizen para quem você ama. Mesmo que seja sua mãe." (*Superinteressante*, maio de 1990, p.6); "Telefunken não é o televisor mais vendido, é o mais comprado." (de *outdoor*); "Esta é minha criação mais importante. Porque única." (propaganda de apartamentos da *Maison Guy Laroche*). Aliás, provocar estranhamento, chocar o interlocutor, o possível consumidor faz parte do jogo da linguagem da propaganda.

Muito interessante e típico de publicidade de lingerie é o uso do pronome demonstrativo *ele*, que não é anafórico, porque não substitui substantivo anterior do texto nem é um dêitico no sentido comum, porque não aponta para alguém presente no mesmo contexto dos interlocutores ou no contexto em que se dá o ato de comunicação: "É por essas e outras que você é a única que importa pra ele." (*Desfile*, maio de 1991, 4ª capa: propaganda da *De Millus*); "Se ele acha que beleza é fundamental, mostre que ele tem razão." (*Cláudia*, dezembro de 1989, p.135). Pode-se dizer desse *ele* que ele mostra para "n" indivíduos, dependendo de cada interlocutora a indicação ou referência ou a individualização do referente.

Textos publicitários comuns são formados por frases incompletas, destacando-se, além da ausência de conectivos, como vimos acima, a falta de verbos: "Previsão dos nossos japoneses: fim de semana sem chuviscos. Novo Cine 4 Toshiba." (*Veja*, 28/8/91, p.11), com destaque à linguagem figurada; "Pequenos imóveis, grandes negócios." (*Folha*, 31/8/91, p.2-3: propaganda da Lopes Consultoria de Imóveis); "Aqui Perussi. Juntinho de você. Materiais de construção, serralheria e vidraçaria." (em frente à loja no bairro Cachoeira, em Curitiba); "20 anos da Unimed Paraná. Saúde!" (de *outdoor*).

Observe-se, também, o estranhamento causado por muitos textos em que a leitura ou interpretação é uma surpresa, porque contrária ou diferente da habitual, sendo a causa dessa outra leitura fatores contextuais: "Férias conjugais. Club Méditerranée – 10 anos de felicidade." (*Veja*, 15/11/89, p.40s.), em que *férias conjugais* tem leitura oposta à habitual; "Batavinho. O mais levado dos queijinhos." (*Cláudia*, setembro de 1989, p.247: da propaganda faz parte figura de menino sorrindo e comendo queijo); "De Millus não aceita a igualdade das mulheres. Cada mulher é diferente e única (...)." (*Cláudia*, outubro de 1989, p.23).

Lógica interessante, finalmente, apresenta-nos o texto de *outdoor*: "Telefunken não é o televisor mais vendido, é o mais comprado.", em que se dá destaque à procura e menos à oferta ou em que se esquece, de certo modo, que *vender* e *comprar* são verbos de duas mãos: o entregar o produto e receber o pagamento (= *vender*) ou o fazer o pagamento e receber o produto (= *comprar*). Aliás no esquecimento da bilateralidade ou das duas mãos do verbo *comprar* está baseada a seguinte anedota:

84

Fiscal de rendas cumprimenta, na cidade, cabra do interior, a cavalo, e pergunta-lhe: – O que está fazendo na cidade? Ao que o cabra responde: – Estou comprando. Noutra ocasião a cena se repete e o fiscal faz a mesma pergunta e obtém como resposta: – Estou comprando e pagando. É que em virtude de queixas repetidas à polícia contra o cabra mau pagador, este compreendera, finalmente, que o verbo *comprar* tem duas mãos.

LINGUAGEM FIGURADA

Dentre o amplo campo da linguagem figurada chamaram nossa atenção nos textos de propaganda, pela sua frequência, os tropos chamados metáfora e metonímia e a figura de retórica da personificação. De maneira geral pode-se dizer que as figuras de linguagem são formas de expressão que fogem da linguagem comum, emprestando à mensagem maior vivacidade, vigor e criatividade, dependendo esta última qualidade naturalmente da maior ou menor originalidade. Não há, por exemplo, originalidade nas metáforas *Ele é uma raposa*, por *Ele é esperto*, e *Ele é cobra*, por *Ele é perito*. Concordamos, por outro lado, com Jubran (12:28s.), quando destaca a criatividade das metáforas do texto publicitário.

Olha o craque que escalamos para receber sua Declaração de Renda. Na hora de entregar sua Declaração de Renda, entregue a quem está treinado, atende rápido e domina a área.

Veja-se igualmente a criatividade, com ênfase ao duplo sentido, do texto:

Eu confio em O.b.* até debaixo d'água. (*Desfile*, janeiro de 1991, p.19).

Metáfora

Na metáfora há uma transferência, quer dizer, com base na semelhança, um significante de signo passa a referir-se a outro objeto ou fato do nosso universo. No sentido literal comum, *cos-*

turar refere-se ao resultado que obtemos com a máquina chamada *máquina de costura*. Com base na semelhança entre o que faz a máquina de costura e certos motoristas com suas "máquinas" nas ruas, no trânsito de nossas cidades, dizemos que eles também "costuram", como nessa propaganda da *Singer*, em *outdoor*: "Não costure no trânsito." Do inglês emprestamos *shoot*, que se especializou para *chutar* e *chute* (subst.), do futebol. Em sentido figurado e na gíria temos hoje os termos depreciativos *chutar* "responder sem segurança" e *chute* "resposta sem segurança, mentira", como nas seguintes propagandas: "A copa sem chutes." (*Veja*, 13/6/90, p. 94: edição especial *Placar*); "Sem chute, esta é a equipe que ganha todos os jogos do Campeonato Paulista." (*Folha*, 23/3/89, p.D-3: propaganda da Rádio Bandeirantes).

No texto: "Previsão dos nossos japoneses: fim de semana sem chuviscos. Novo Cine 4 Toshiba." (*Veja*, 28/8/91, p.11), *chuviscos* é usado em sentido metafórico, isto é, a imagem dos filmes será clara, sem interferências. Em: "Para abrir portas, use nossas chaves." (*Veja*, 1º/8/90, p.20: propaganda das canetas BIC), tudo pode ser entendido figuradamente, constituindo-se uma alegoria. Alegoria temos também no texto que acompanha figuras de boca aberta com os dentes à mostra e de escovas de dentes de várias cores: "Campo de batalha. Escolha as armas. Condordent. A melhor escova. Dente por dente." (*Cláudia*, abril de 1991, p. 139) e no primeiro período da publicidade: "Plante esta ideia. Plante Cargill." (do *Jornal Estadual* da TV Paranaense Canal 12).

Jogo a que o leitor é frequentemente submetido nos textos publicitários é o duplo sentido ou a polissemia, isto é, em determinado texto é possível uma leitura literal e uma leitura figurada, como no seguinte texto colhido em entrada de penitenciária: "Cigarro. Apague essa ideia." (*Folha*, 25/3/91, p.1-4). Vejamos outros textos: "Só existe um shampoo que lava colorindo. Ponha isso na cabeça." (*Desfile*, janeiro de 1991, p.36s.: propaganda de *Wellaton New Fashion*): "O Brasil está perdendo a cabeça." (de folheto do Sindicato Nacional dos Docentes das Instituições de Ensino Superior), em que há aspectos metafóricos (*cabeça* =

o que está à frente, ou acima) e metonímicos (*cabeça* = parte pelo todo, *perder a cabeça* = perder o juízo); "Você tem que brilhar. Não a sua pele." (*Cláudia*, março de 1990, p.17); "Para a Lufthansa o Brasil tem três saídas: Viracopos, Guarulhos, Galeão." (*Folha*, 13/3/91, p.A-7); "Quem disse que o problema dos aposentados não tem remédio?" (de *outdoor*: propaganda da Drogamed – Drogaria e Perfumaria); "Com entrada ou sem entrada HM é a saída. HM & Você, feitos um para o outro." (de tabloide distribuído junto à *Gazeta do Povo*, 7/7/91), em que *entrada* deve ser entendido como "quantia inicial de transação comercial", sentido estendido, e *saída* está como "solução", sentido metafórico; em *outdoor* em Curitiba lemos: "A Estilo faz o seu cartaz." (*Estilo* é firma que faz propagandas.)

Procedimento adotado por numerosas propagandas é o que vamos chamar pelo neologismo "desmetaforização". O que é esse processo? Muitas vezes uma expressão, sintagma ou frase, tem uma leitura mais conhecida ou consagrada em seu sentido figurado. Ora, o texto de propaganda usa essa sequência em contexto em que seu sentido, sua leitura é literal. Tomemos um exemplo: Em propaganda de televisão ouvimos: "Lada vai levar você para o mau caminho." O sintagma mau caminho é preferencialmente usado em contexto que fala de moral, de bons costumes, o que não é o caso dessa propaganda. Aqui se quer dizer que o *Lada* é bom em estradas ruins, quanto mais, é claro, em estradas boas.

Outros exemplos: "Monark Brisa. Liberdade aos movimentos femininos." (*Desfile*, dezembro de 1990, p.126s.); "Câncer de mama. A cura pode estar em suas mãos." (*Desfile*, julho de 1989, p.50: propaganda do Ministério da Saúde): o texto acompanha figura de mulher com as mãos sobre os seios, sugerindo que a mulher pode, com apalpações, detectar sintomas do câncer; "Algumas das medidas mais importantes tomadas durante jantar para o príncipe Charles." (*Folha*, 27/4/91, p.1-10: propaganda de *Gilbey's Dry Gin*): o texto acompanha figura de garrafa virada sobre copo; "Tramas de inverno." (de *outdoor*: propaganda da Natazzo): fazem parte do *outdoor* vários desenhos com diferentes tipos de malhas.

Fato comum nas línguas é a lexicalização ou idiomatização de unidades lexicais. Palavras complexas deixam de ser transparentes para se tornarem opacas. Um exemplo e uma comparação: *cadernão* é um "caderno grande" ou um "caderno muito bom". Já em *palavrão* temos uma lexicalização, no sentido de "palavra obscena", leitura privilegiada. Se por *palavrão* entendermos "palavra comprida" ou "palavra difícil de pronunciar", não temos uma lexicalização. Quando uma unidade lexical é, pois, usada sem sua leitura privilegiada, podemos falar em "deslexicalização" ou "desopacificação". Vejamos um exemplo: "Este é o novo palavrão que toda garotada vai começar a usar. OSH KOSH B'GOSH." (*Veja*, 19/12/90, p.8s.: propaganda de roupa).

Metonímia

Como na metáfora, na metonímia também temos uma transferência, isto é, um significante de signo passa a referir-se a outro objeto ou fato do nosso universo, só que a base da transferência é outra: é a contiguidade, é a associação espacial, histórica. Um exemplo: o que alguém ia representar no palco estava escrito em papel. Ora, *papel*, além do seu sentido básico, passou a significar também, por associação espacial, a parte, o personagem que cada ator ia representar numa peça. É esse o sentido, "mutatis mutandis", de *papel* na propaganda colhida de *outdoor*: "Trombini, nosso papel é construir o futuro.", texto que ganha significado especial, porque *Trombini* é uma fábrica de papel em Curitiba.

Alguns exemplos de metonímias em textos de propaganda: "Muitos investidores estão tranquilos com as poupanças que fizeram. Alguns até moram nelas. Imóvel, moeda forte." (*Folha*, 8/4/90, p.A-10: propaganda da *Lopes – Consultoria de Imóveis*): a associação metonímica está entre o meio de compra, o dinheiro, e o que se comprou com ele, o imóvel: por isso "morar na poupança"; "Homenagem da Yashica ao primeiro sorriso que você conheceu." (*Folha*, 12/5/90, p.A-9: propaganda no Dia das Mães); "Aperte que o sabor aparece. Hellmanns, a verdadeira mayonnaise." (de *outdoor*): a associação é entre o molho e o seu sabor, *sabor* substituindo *molho*; "O Brasil que o Brasil não conhece. A história de Ana Raio e Zé Trovão." (*Veja*, 26/12/90, p.117): no primeiro emprego de *Brasil* temos parte pelo todo, no segundo, *Brasil* por *brasileiros*; "Yakult recebe o Prêmio Nobel de Medicina." (*Folha*, 15/5/91, p.1-5): propaganda a nosso ver muito inteligente: na verdade, anunciando a realização do 3º Simpósio Yakult Internacional de Imunologia, a Yakult vai receber a visita do Dr. Susumu Tonegawa, prêmio Nobel de medicina de 1987; "Santa Felicidade. O bairro mais saboroso de Curitiba." (*Veja*, 4/7/90, p.1 da *Veja Paraná*): Santa Felicidade é um bairro de colonização italiana e de muitos restaurantes. "À esquerda e em frente. Roberto Freire Presidente." (folheto de propaganda eleitoral): *à esquerda* está em sentido figurado, enquanto *em frente* está em sentido literal.

Se considerarmos a totalidade do texto seguinte, temos uma associação metonímica, espacial, enquanto a expressão final "rédeas curtas", no sentido de "rigor", é uma metáfora: "Amanhã tem eleição no Jockey. Vote José Bonifácio Coutinho Nogueira. Administração com rédeas curtas." (*Folha*, 12/2/90, p.A-4).

Personificação

Quando personificamos alguma coisa, atribuímos-lhe propriedades de pessoa humana, isto é, propriedades que, por natureza, ela não tem. O efeito é, naturalmente, estilístico ou expressivo, com destaque à exaltação das qualidades da coisa, principalmente quando se trata de um produto de marketing: "Algodão no Brasil tem nome e sobrenome." (*Cláudia*, abril de 1990, p.117: propaganda dos tecidos *Cedro Cachoeira*). A frase "ter nome e sobrenome" não é uma criação do texto acima, mas sua atribuição a um tecido dá a esse tecido qualidades que distinguem o ser humano e o ser humano bem individualizado ou personalizado, isto é, o que tem nome ou prenome e sobrenome ou nome de família, o que tem, portanto, individualidade ou personalidade, alguém que é indivíduo, João ou Maria, e tem família, origem conhecida: Monteiro, por exemplo (a verdade é que no nível de unidade federada ou de federação nossa identidade é indicada hoje mais pelo número da carteira de identidade ou do CPF). Em *outdoor*, podia-se ler, em letras verdes e à esquerda: "Curitiba. O verde aqui tem morada." e, em letras vermelhas e à direita: "Antárctica. A melhor cerveja do Brasil." A personificação aqui é da cor verde – substantivando o adjetivo temos *o verde*.

A personificação de um artigo de marketing tem, como é fácil de observar, também a função de causar estranhamento, de prender o leitor. Mais alguns exemplos mostrarão isso com abundância: "A rua que não dorme." dizia folheto de propaganda da Rua 24 Horas, de Curitiba, em que se pode ver também uma metonímia ou uma, transferência por associação espacial: quem não dorme, na verdade, são os vendedores e os compradores; "Para a carne que adora dar uma de durona." (*Desfile*, agosto de 1990, p.115: propaganda da *Maggi*); "Chevrolet Ipanema. O carro com a ousadia de ser mais." (*Cláudia*, dezembro de 1989, p.60s.): destaque-se aqui também o uso de *mais* como adjetivo, uso da gíria moderna, igual ao de *demais*, por exemplo, em "Carrefour Pinhais, totalmente demais" (de *outdoor*); "Índigo macio, charmoso, resistente procura jovens para relacionamento duradouro." (*Desfile*, novembro de 1989, p.92s.: propaganda da M3 Santista); "Jontex* tem o prazer de comunicar que a família aumentou." (*Cláudia*, outubro de 1989, p.235): nesse texto, que acompanha embalagem de Jontex com a palavra *novo*, merecem destaque o uso da palavra *prazer* e o estranhamento da frase *A família aumentou*, polissêmica ou ambígua, quando se espera que Jontex evite o aumento da família; "Seu computador está morrendo de vontade de ver este anúncio." (*Folha*, 12/6/91, p.6-1: propaganda de Edisa Informática e Hewlett Packard); "A Scania é daquelas suecas que não precisam esconder a idade." (*Folha*, 7/8/91, p.1-9); "O menor preço está acampado no Carrefour. Com a economia Carrefour você aproveita mais a natureza. E até o seu bolso respira melhor." (*Folha*, 19/1/89, p.A-9): nessa propaganda de material de camping temos duas personificações: *o preço está acampado* e *seu bolso respira melhor*.

O JOGO COM A PALAVRA

Ao jogo com a palavra se dá o nome de trocadilho, de que o *Aurélio* diz: "Jogo de palavras parecidas no som e diferentes no significado, e que dão margem a equívocos." Na verdade, segundo o *Aurélio*, joga-se com o significante semelhante de palavras cujo significado é diferente, sendo que exagera quando diz que sempre são gerados equívocos. A intenção real é entreter o leitor, prender sua atenção: na época da campanha eleitoral de 1989, por exemplo, carregada de pessimismo e de críticas ao governo, de emigrações, *outdoor* do Bamerindus dizia: "Credite no Brasil.", com a intenção certamente de dizer *Acredite no Brasil* e *Credite no Bamerindus*, em que se faz um jogo com os verbos *creditar* e *acreditar*.

Outros exemplos de trocadilhos ou de jogos de palavras: "Na Bolsa de Salários do Classifolha você sempre sabe como está seu bolso." (*Folha*, 12/11/89, p.C-10); "Cristo disse que nos amássemos. Não que nos amassemos." (adesivo de carro); "Quando o bom gosto domina, a qualidade é Domani." (*outdoor* de Domani Interiores); "Nota fiscal. Se você não pede o Paraná perde." (*outdoor*); "Veja como o respeito ao leitor se transformou em respeito ao eleitor." (*Folha*, 5/12/89, p.C-2: propaganda da própria *Folha de S.Paulo*); "II concurso de receitas Bauducco. Aqui, talentos provados e aprovados." (*Cláudia*, fevereiro de 1990, p.7).

Se considerarmos que pode haver jogo de palavras com homônimos, palavras inteiramente iguais no significante e não aparentadas no significado, ou com palavras polissêmicas, em que o significante não muda mas o significado não é igual mas apenas aparentado, talvez devêssemos explicitar melhor a definição dada pelo *Aurélio* e que citamos acima. Exemplo de homonímia: "Quem é são, não é Paulo." (*Folha*, 25/11/90, p.A-5: propaganda do Comitê Suprapartidário "Maluf Nunca Mais"), em que o jogo envolve *são* "sadio" e *são* "santo". Exemplo de polissemia: "Antes do feriado de Nossa Senhora Aparecida, dê uma aparecida lá na Zacharias." (*Folha*, 6/10/89, p.E-1: propaganda da *Rede Zacharias de Pneus*).

Fazer jogo com palavras que, em certo sentido, estão em oposição também nos parece jogo de palavras ou trocadilho. Veja-se a propósito o texto: "O interior de São Paulo tem uma importância capital para a *Folha.*" (*Veja*, 5/12/90, p.110s.: propaganda da *Folha de S.Paulo*): nesse texto *interior* é confrontado com *capital*, que, embora seja adjetivo, lembra no contexto *a capital*, São Paulo, sede do jornal.

Concluindo, pode-se dizer que *trocadilho* ou *jogo de palavras* parece ser realidade bem mais ampla do que o *Aurélio* propõe. Bussmann (3), por exemplo, tem uma conceituação bem mais ampla do jogo de palavras:

> Trato lúdico com elementos ou propriedades linguísticas com o objetivo de obter efeitos surpreendentes, cômicos e/ou poéticos (...). O jogo de palavras serve-se de manipulações variadas de caráter fonético, fonológico, morfológico ou semântico (...).

Jogo de caráter principalmente morfológico e semântico temos no texto: "Consid. Construções pré-fabricadas e pós-garantidas." (do *Jornal Estadual*, da *TV Paranaense Canal 12*), em que a prefixação é um jogo morfológico e a oposição ou antonímia de *pré-* e *pós-* é um jogo semântico. A paronomásia (v. seção 5.4.4) é também um tipo de trocadilho.

USO E JOGO COM A FRASE FEITA

Um dos aspectos ou figuras que mais nos proporcionou anotações, quando do exame das características da linguagem da propaganda, foi o uso e o jogo com a frase feita, sendo que por frase feita se pode entender a sequência fixa menor ou maior de palavras, formando uma unidade sintática consagrada pelo uso. Às vezes podemos estar também diante de frase conhecida de canção ou de título de obra mais conhecida. Nesse sentido três aspectos chamaram nossa atenção – com destaque ao último – que vamos apontar: o simples uso da frase feita, às vezes com pequenas alterações; o uso da frase feita com reinterpretação; o uso da frase feita com modificações que produzem mudança de rumo, alterando sua essência ou produzindo quebra ou frustração de expectativa.

Naturalmente nos três casos, com ênfase ao segundo e principalmente ao terceiro, há uma intenção de prender a atenção do interlocutor, apresentando-lhe textos familiares, ou causar estranhamento, mormente pelas mudanças ou frustrações que o texto apresenta. Altera-se a direção ou o rumo familiares ao leitor, o que o intriga, faz parar, entreter-se com o texto, com a mensagem, com o que ela objetiva alcançar.

Simples uso de frase feita temos em: "Você acaba de achar uma agulha no palheiro." (*Folha*, 22/10/89, p.I-5: propaganda de apartamento da Arthur Labes); "O primeiro lançamento da Maxion é trator que não acaba mais." (*Folha*, 23/10/89, p.C-6s.).

Uso de frase feita com pequenas mudanças, adaptações ao novo contexto apresentam-nos: "O Bradesco te ensina a fazer renda." (*Folha*, 30/7/90, p.A-9); "O Índigo não é mais aquele. É este." (*Cláudia*, março de 1989, p.36s.).

Como dissemos acima, muitas vezes o contexto faz com que uma frase feita ou expressão fixa tenha uma leitura diferente da atual, o que produz, aliás, efeitos extremamente expressivos: "Leve de uma vez e pague em duas." (*Folha*, 23/4/89, p.A-12: propaganda da Telecompras Arapuã); "Bomba de fabricação caseira." (*Cláudia*, dezembro de 1989, p.239: propaganda do Chocolate Garoto): o texto acompanha figura de bomba de chocolate; "Existem momentos na vida de um homem em que ele precisa ouvir certas coisas." (*Veja*, 19/9/90, p.2: propaganda da Philco-Hitachi); "No Hotel Doral Torres o que vem na geladeira não é da sua conta." (de *outdoor*); "Os 5 mil compradores da copiadora Triunfo TM-lllC estão até aqui de satisfação." (*Veja*, 15/11/89, p.62).

Observe-se, também, a extrema força de expressão de textos de propaganda que alteram principalmente a parte final de frases feitas ou expressões consagradas pelo uso (o leitor nos escuse o fato de não termos resistido à tentação de apresentar número maior de exemplos): "Vai ter sorte assim na Arapuã!" (*Folha*, 30/4/89, p.A-13); "Sack's apresenta cenas de elegância explícita." (*outdoor*); "Caldas Novas, sombra e água quente." (jornal *O Globo*, 16/3/89, p.7, 1º Caderno); "United colors of Benneton." (*Veja*, 15/11/89, p.42s.); "O Itaú mostra com quantos BTNs se garante um cheque." (*Folha*, 21/11/89, p.C-1); "Não vá ver se eu estou na esquina. Ligue 222-2000. E me assine. A Folha escreve. O leitor assina." (*Folha*, 8/5/90, p.A-10: propaganda da *Folha de S.Paulo*); "Pão de Mel Pan. Amor à primeira mordida." (*outdoor*); "Nada como uma risada depois da outra." (*Folha*, 8/4/89, p.C-7: propaganda do programa do Bronco na TV Bandeirantes); "Abre-te, Sésamo! Ali na Audio e suas 40 ofertas." (*Folha*, 9/4/89, p.A-8); "Juntos, venderemos." (*Folha*, 19/4/91, p.5-1: propaganda do Mart Center, centro atacadista de moda); "Santo de casa não faz lazer." (*Desfile*, fevereiro de 1991, p.161: propaganda do Hotel Primus); "Os outros cheques que nos perdoem, mas garantia é fundamental." (*Veja*, 19/12/90, p.42s.: propaganda do Bamerindus); "Vale quanto custa." (*Nova*, julho de 1990, p.64s.: propaganda da revista *Máxima*); "Até que a bebida os separe. Alcoólicos Anônimos." (*Veja*, 25/7/90, p.54): a frase acompanha figura de noivos; "Olha que coisa mais linda e quase de graça: Rio de Janeiro com até 30% de desconto e hotel 5 estrelas grátis." (*Folha*, 29/6/91, p.1-8: propaganda da *Vasp*).

LUGAR-COMUM

Em geral apresentamos, nos capítulos e seções anteriores, textos de propaganda que mereciam atenção por seu aspecto estilístico ou criativo. Mas nem todos os textos ostentam esse aspecto criativo ou expressional mais forte ou chocante, cujo objetivo é causar estranhamento, com o que não se quer dizer que não sejam eficientes. Por seu conteúdo eles também têm poder de convencimento. É o caso de "tudo sem entrada" ou "leve agora e só pague depois".

Quando expressões são muito repetidas, falamos em fórmula, lugar-comum, clichê ou chavão. Como acabamos de dizer, não se entra aqui no mérito de sua maior ou menor eficiência. Elas podem ser eficientes, quando um eventual comprador tem necessidade de um produto, não tem dinheiro suficiente para comprá-lo e a propaganda lhe apresenta a possibilidade do crediário ou de pagá-lo depois. Outros recursos também podem contribuir para a eficiência do lugar-comum, por exemplo, o tamanho das letras ou acompanhar imagem de pessoa de prestígio ou chamariz: *Pelé*, *Xuxa*, *Gugu Liberato*, *Faustão*, etc.

Alguns exemplos do que chamamos de lugar-comum ou clichê: produto exclusivo; você fica muito elegante; X é diferente de tudo; X lhe proporciona conforto inigualável; o melhor preço; leve mais por menos; grande promoção de verão/primavera/inverno; liquidação total; preços nunca vistos; o melhor presente pra sua mãe; as melhores marcas pelos menores preços; o privilégio de morar no melhor lugar. Ressalte-se, a propósito, que o chavão talvez mais repetitivo seja o que oferece "mais por menos" ou "muito por pouco".

NOMES COMERCIAIS

Em certo sentido, pode-se dizer que o nome de entidades comerciais e de marcas faz parte do marketing ou atividade promocional. Os nomes de entidades comerciais podem naturalmente não ser objeto de especial ato de criatividade linguística, como é o caso de nomes comerciais que são nomes de pessoas (*Hermes Macedo*, de que é usada também a sigla HM), sobrenomes (*Prosdócimo*), nomes geográficos (*Confeitaria Iguaçu*), nomes de figuras históricas (*Escola Emiliano Perneta*), nomes religiosos (*Colégio Dom Bosco*), etc., mas acabam fazendo parte de eventuais atividades promocionais ou se impõem como símbolos de uma instituição. A propósito é interessante observar que, modernamente, justamente no âmbito educacional, os nomes de entidades apresentam muitas vezes especiais aspectos criativos ou procuram apresentar especial força chamativa. Vejam-se, por exemplo, nomes de entidades educacionais mais novas: *Objetivo, Positivo, Decisivo, Expressão, Expoente, Primeiro Mundo, Terceiro Milênio*, todos, com exceção do primeiro, nomes de colégios ou cursinhos que atuam em Curitiba.

O estudo de particularidades de nomes comerciais poderia ocupar-nos por longo espaço e tempo, sendo que aqui nos ocuparemos com alguns aspectos especialmente criativos ou sugestivos e com alguns detalhes que nos parecem típicos dos tempos atuais. Nomes especialmente sugestivos nos parecem ser os seguintes, dentre outros: *Livro Aberto Livraria*; *Casa da Fartura*, comércio de gêneros alimentícios; *Free*, nome de cigarro; *Croco Cão, o Cachorrão*, lanchonete; *Pixote*, loja de roupas infantis; *Fazer & Lazer*, artesanato; *Lavanderia Viva Cor*; *Sempre Presente's*, em que, além do genitivo anglo-saxão, se joga com a homonímia de *presente*, adjetivo e substantivo.

Aspecto que tem frequentemente chamado nossa atenção é o aspecto gráfico, a saber, o uso de letras que chamamos de exóticas ou de letras dobradas não de uso do português. Em ambos os casos trata-se, a nosso ver, de especial intenção chamativa. Chama-se a atenção contrariando a ortografia que já desde a alfabetização aprendemos a praticar: *Ki Bankinha*, banca de jornais; *Ki Dogão*, carrinho de cachorro-quente; *Kédi Quê Pastelaria*; *Kibon*, nome já mais antigo e que esconde frase interjectiva; *Tallento: Salão de Beleza, Cabeleireira e Depilação*; *Ki-Kostela*, churrascaria e restaurante; *Styllu's Academia*; *Autoescola Elle & Ella*; *Pharmantiga*, indústria de cosméticos: aqui o *ph* é também um signo indicial, expressando o mesmo que a segunda parte dessa criação lexical, o adjetivo *antiga*.

A influência estrangeira se faz sentir constantemente em nomes comerciais, quer no uso de nomes estrangeiros, quer no uso de genitivo anglo-saxão ou na ordem das palavras segundo o padrão anglo-saxão (veja a propósito a tese de mestrado que citamos nas Referências Bibliográficas: *Dumke: 5*). Exemplos de nomes estrangeiros: *Condomínio Residencial Ville des Nobles*; *Stop Vídeo*; *Night & Day Vídeo*; *Village Saint Moritz*.

Genitivo anglo-saxão junto a nomes vernáculos ou outros temos em: *Papu's Pizza Bar*; *Picatra's*, churrasco pelo telefone, em que temos também o cruzamento vocabular de *pi(canha)* + *(al)catra*; *Espetu's*, churrascaria; *Sempre Presente's*; *Miro's Bar*; *Styllu's Academia*.

Quanto à ordem ou colocação dos elementos que compõem um nome comercial, observe-se que a sequência típica ou padrão do português é determinado – determinante (DM-DT), em outros termos, primeiro o termo genérico, depois o termo específico: *Casa São João, Casa Gercino, Lojas Pernambucanas, Lojas do Pedro*. No inglês (*Design Store, Swap Shop*), assim como nas formações neoclássicas (*psicologia, filologia*), e nas prefixações (*megaempresário, megainvestidor*) a ordem é ao contrário: determinante-determinado (DT-DM). Pois tem-se observado muitos nomes comerciais com essa ordem: *Papu's Pizza Bar*; *Kédi Quê Pastelaria*; *Captain Blue Floripa Surf Service*; *Albino Loterias*; *Beira Bar*; *Ponto de Vista Bar*. Não há a menor dificuldade em ver que a ordem tipicamente portuguesa seria *Loterias Albino, Bar Ponto de Vista*, etc.

Damos destaque, finalmente, a alguns nomes comerciais que exibem especial criatividade lexical: cruzamentos vocabulares, ressegmentações, desopacificações, etc. Cruzamentos vocabulares interessantes oferecem-nos: *Casantiga*; *Pharmantiga*; *Consertóculos*; *Compustore*; *Computique*; *Laminaço*; *Choppagnat* (choparia no bairro do Champagnat, em Curitiba). Ressegmentações temos em *Vherde Jante*; *Bar Kachery*, bar situado no bairro do Bacacheri, em Curitiba; *Bar Baridade*. Desopacificação interessante se obteve com o cruzamento vocabular *Molhonese* (*molho* + *(maio)-nese*).

REFERÊNCIAS BIBLIOGRÁFICAS

01. ALVES, I. M. Observações sobre a Prefixação Intensiva no Vocabulário da Publicidade. *In: Alfa* 24, 9-14, São Paulo, 1980.
02. BORGES NETO, J. *Adjetivos: Predicados Extensionais e Predicados Intensionais*. Campinas: Editora da UNICAMP, 1991.
03. BUSSMANN, H. *Léxico da Linguística*. Stuttgart: Alfred Kröner, 1983.
04. *DUDEN: Dicionário Universal Alemão*. Dudenverlag, 1983.
05. DUMKE, A. *The English Influence in Shop Names in Curitiba*. Curitiba, 1988.
06. ECO, U. *A Estrutura Ausente*. São Paulo: Editora Perspectiva S.A., 1976.
07. ENKVIST, N. E.; SPENCER, J; GREGORY M. *Linguistics and Style*. Londres: Oxford University Press, 1965.
08. FERREIRA, A. B. de H. *Novo Dicionário da Língua Portuguesa*. Rio de Janeiro, Nova Fronteira, 1986.
09. FIORIN, J. L. *Linguagem e Ideologia*. São Paulo: Ática, 1988.
10. JACOBSON, R. A Dominante. *In:* L. Matejka e K. Pomorska (eds.). *Readings in Russian Poetics*, 1971 (145-151). Cambridge e Londres.
11. _____. *Linguística e Comunicação*. São Paulo: Cultrix, 1971.
12. JUBRAN, C.A.S. A Metáfora e a Metonímia na Linguagem da Propaganda. *In: X Anais de Seminários do GEL*. Bauru: 1985.
13. LAGE, N. *Linguagem Jornalística*. São Paulo: Ática, 1985.

14. LEECH, G. N. *English in Advertising.* Londres: Longman, 1966.
15. PEIRCE, Ch. S. *Semiótica e Filosofia.* São Paulo: Cultrix, 1972.
16. PEREIRA, R. F. *Neologismos na Mensagem Publicitária.* Assis, 1983. Dissertação de Mestrado.
17. _____. Notas sobre o Uso do Prefixo *Super-* na Publicidade. *In: X Anais de Seminários do GEL.* Bauru: 1985.
18. PIGNATARI, D. *Informação. Linguagem. Comunicação.* São Paulo: Perspectiva, 1971.
19. PUGSLEY, M. *Figurative Language and Its Use in Press Advertising.* Curitiba, 1990. Dissertação de Mestrado.
20. SANDMANN, A. J. *Formação de Palavras no Português Brasileiro Contemporâneo.* Curitiba: Scientia et Labor/Ícone, 1988.
21. _____. *Morfologia Lexical.* São Paulo: Contexto, 1992.
22. _____. *Competência Lexical: Produtividade, Restrições e Bloqueio.* Editora da UFPR, 1991.